EL CABALLERO
QUE TENÍA
EL CORAZÓN PESAROSO

MARCIA GRAD POWERS

EL CABALLERO
QUE TENÍA
EL CORAZÓN PESAROSO

Una conmovedora historia sobre
cómo encontrar la felicidad y la serenidad…
… aunque no consigamos las cosas
que de verdad, DE VERDAD, deseamos

EDICIONES OBELISCO

Si este libro le ha interesado y desea que le mantengamos informado
de nuestras publicaciones, escríbanos indicándonos qué temas son de su interés
(Astrología, Autoayuda, Ciencias Ocultas, Artes Marciales, Naturismo,
Espiritualidad, Tradición…) y gustosamente le complaceremos.

Puede consultar nuestro catálogo en www.edicionesobelisco.com

Colección Éxito

El caballero que tenía el corazón pesaroso
Marcia Grad Powers

Este libro se editó por primera vez en 2005 con el título
El matadragones que tenía el corazón pesaroso

7.ª edición: abril de 2018

Título original: *The Dragon Slayer with a Heavy Heart*

Traducción: *Antonio Cutanda*
Maquetación: *Natàlia Campillo*
Diseño de cubierta: *Maena García*

© 2003, Marcia Grad Powers
(Reservados todos los derechos)
© 2004, Ediciones Obelisco, S. L.
(Reservados los derechos para la presente edición)

Publicado por acuerdo con Wilshire Book Company
9731 Variel Avenue, CA-91311-4135 Chatsworth, USA

Edita: Ediciones Obelisco, S. L.
Collita, 23-25. Pol. Ind. Molí de la Bastida
08191 Rubí - Barcelona - España
Tel. 93 309 85 25 - Fax 93 309 85 23
E-mail: info@edicionesobelisco.com

ISBN: 978-84-9111-332-4
Depósito Legal: B-32.426-2011

Printed in Spain

Impreso en España en los talleres gráficos de Romanyà/Valls S. A.
Verdaguer, 1 - 08786 Capellades (Barcelona)

Mi más profundo agradecimiento a Carole Foley, por su dedicación y su disposición durante la preparación de este libro para su publicación.

Mis más encarecidas gracias a Melvin Powers, por su apoyo y su entusiasmo por mis cuentos, que transmiten principios de desarrollo psicológico.

Al doctor Albert Ellis, mi maestro y amigo, cuya filosofía y técnicas, reconocidas internacionalmente, han transformado para siempre el rostro de la psicología y han iluminado los corazones de personas de todo el mundo.

En recuerdo del doctor Reinhold Niebuhr, cuya famosa e inspirada Oración de la Serenidad ha dado la vuelta al mundo y se ha convertido en luz y guía de millones de personas.

Capítulo Uno

La Grave Situación del Caballero

Hace mucho tiempo, en una tierra lejana, vivió un famoso caballero llamado Duke. Era tan rápido como un rayo, tan poderoso como un tornado, y era capaz de matar a su presa con una simple estocada. No es de extrañar que fuera el caballero número uno en todo el país, al igual que lo habían sido su padre y el padre de su padre.

Duke constituía una imagen familiar, corriendo por las adoquinadas calles con su carro dragón rojo brillante, tirado por unos majestuosos corceles blancos. Su fiel compinche canino, Prince, se sentaba a su vera, y ladraba nervioso a los viandantes para que se hicieran a un lado. La gente saludaba y aclamaba a su indómito héroe cuando le veían pasar. Aunque no estuviera en plena misión, Duke siempre se desplazaba con su carro dragón, listo para acudir de inmediato dondequiera que hubiese una emergencia.

Era verdaderamente un héroe hecho y derecho, un hombre en todos los sentidos, y el sueño de cualquier mujer. Al menos, eso era lo que las damas decían siempre… cuando le conocían.

Fuera de servicio, su pasatiempo favorito era relajarse en la Tienda del Héroe, echando un vistazo a lo último en herramientas de héroes, o pasando el rato en el Bar de Jugos y Zumos de la tienda, intercambiando historias con sus heroicos colegas.

A veces, los fines de semana, llevaba a su hijo a la tienda. Un sábado por la tarde, se sentaron en el bar de jugos para tomarse su habitual Megafrutas Especial y picar unos Macho Mochas, mientras los amigotes de Duke contaban historias verídicas sobre los dragones a los que habían dado muerte, los aldeanos a los que habían protegido, los fuegos que habían combatido y los cuidados de urgencias que habían administrado.

Duke se inclinó sobre Jonathan.

—Cada vez que te traigo aquí, Johnny, me acuerdo de lo mucho que me emocionaba venir a este mismo bar con mi padre y mi abuelo, para escuchar grandes aventuras, como las que tú estás escuchando ahora.

—Lo sé, padre –dijo Jonathan, sonriendo incómodo–, pero tengo deberes que hacer. ¿Me puedo ir ya?

—Hum, bueno, supongo que sí –respondió Duke, decepcionado por la falta de entusiasmo de Jonathan.

Al salir, Duke señaló a un espacio vacío que había junto a su propio retrato, el de su padre y el de su abuelo, que destacaban en el Muro de la Fama de los Héroes.

—Recuerda, Johnny, ahí es donde colgará *tu* retrato algún día –dijo con orgullo.

Jonathan afirmó con la cabeza y siguió caminando hacia la salida sin mirar los cuadros.

Duke suspiró y se volvió una vez más a mirar los retratos, recordando el entusiasmo que había sentido él cuando su propio padre le había señalado al mismo muro y le había dicho las mismas palabras.

¡La profecía de mi padre se hizo realidad, pensó Duke, *y la mía también se hará realidad!*

A la mañana siguiente, Duke se sentó a desayunar con su esposa, leyendo el *Kingdom Times.* Al sentir que ella le miraba, Duke levantó los ojos y se encontró con su anhelante mirada.

—¿Qué ocurre, Allie? –preguntó.

—Sólo me preguntaba… –dijo ella en voz baja.

Él volvió al periódico.

—¿Qué te preguntabas?

—Me preguntaba cómo puedo quererte tanto y, sin embargo, saber tan poco de ti –dijo con un ligero temblor en la voz.

—Oh, Allie, no empieces de nuevo, por favor.

—Pero es que nunca me *hablas.*

—¿Cómo puedes *decir* eso? –dijo él, dejando a un lado el periódico–. Te hablo a todas horas. Ahora mismo te estoy hablando.

—Ya te lo dije. No me hablas de lo que realmente importa. En la mitad de las ocasiones en las que intento contarte lo que está ocurriendo por aquí, tu cabeza está en otro mundo.

—¿Qué quieres decir? –preguntó consternado–. Tú eres mi mundo, Allie; tú y Johnny. Lo sabes.

—A veces, no lo parece. Me gustaría que estuviéramos más cerca. Me gustaría saber del Duke *verdadero*, del hombre que se esconde dentro de ese disfraz de caballero.

—Tú sabes que nunca se me ha dado bien todo eso –dijo él.

Y flexionando sus bíceps en tono burlón, añadió:

—Vamos, Allie, toca estos músculos como solías hacer.

Pero ella bajó la cabeza para ocultar las lágrimas, que rebosaban en sus ojos. Él se le acercó para tomarla entre sus brazos, pero ella le apartó.

—No tienes por qué ser fuerte *siempre* –murmuró.

—Eso es lo que se *supone* que yo tenía que ser. Soy un héroe caballero duro y fuerte, ¿recuerdas?

Ella suspiró.

—Eres igual que tu padre, creyendo saber siempre cómo deben ser las cosas.

—¿Y qué tiene eso de malo? Nunca oí a mi madre quejarse. Además, yo no he cambiado. Soy el mismo de siempre. Aquél del que te enamoraste. Vamos, Allie, sabes que no te gustaría que fuera de otra manera.

Allie levantó las manos en señal de frustración.

—¡Simplemente, no has conseguido ser de otra manera! –gritó.

Y, levantándose, se fue corriendo a su habitación.

Duke se levantó y fue tras ella.

—¡No, no lo he conseguido, Allie! Soy como soy, y tú no deberías forzarme a ser quien no soy. ¡No está bien!

—Pues, si no está bien, ¿por qué estás forzando siempre a Jonathan para que sea lo que no es? –gritó ella, cerrando el dormitorio de un portazo.

Duke se hundió en la silla más cercana.

—¡Mujeres! –dijo exasperado.

Su padre tenía razón: *es* más fácil matar a un dragón que entender a una mujer.

El distanciamiento entre Duke y Allie fue en aumento hasta que, finalmente, un día, Allie dijo:

—Estoy tan sola cuando estás aquí como cuando no estás. No estoy dispuesta a seguir así.

Le dijo que tomara sus herramientas de héroe, sus trofeos y sus premios, y en especial sus ideas de cómo deberían y no deberían ser las cosas, que tomara a su perro, que se subiera en su carro dragón y que se las apañara en la vida sin ella.

Duke estaba indignado.

—Pero, si somos la pareja perfecta, Allie —protestó—. Tú *sabes* que somos la pareja perfecta. *¡Todo el mundo* lo cree así!

Pero Allie se mantuvo firme.

El dolor se le clavó a Duke como un cuchillo. Enfurecido, recogió sus pertenencias y las metió en varios cofres, que introdujo uno a uno a empellones en el carro dragón. Se subió al asiento, llamó a Prince con un silbido y partió.

—¡Esto no debería *ser* así! —masculló entre dientes—. ¡No es justo! ¡Es *tremendo! ¡Terrible!* ¡No me puede hacer esto a mí!

Sobre las adoquinadas calles y una vez pasada la plaza del pueblo, masculló, calló y volvió a mascullar, a lo largo del camino que llevaba a un castillo de soltero amueblado, de alquiler, que se encontraba en las afueras de la ciudad.

Mientras Prince iba detrás de él entrando y saliendo del castillo, Duke descargó el carro con desgana, sin dejar de pensar en el modo en que Allie había echado a perder su vida. ¿Por qué había sucedido esto? Se había pasado los años protegiéndola del peligro y del miedo que formaban parte de su vida cotidiana, ¡y así era como se lo agradecía!

Cuando terminó, se quedó mirando la antesala, llena de cofres con las buenas herramientas de héroe, con sus trofeos y premios esforzadamente conquistados, y con el resto de pertenencias, todo en el suelo de un castillo que no le pertenecía.

Sacudió la cabeza.

—En bonito lío me has metido, Allie –se quejó, incapaz de recordar dónde habría escuchado aquello antes.

Después, comenzó a desembalar, mientras Prince se precipitaba de habitación en habitación, olisqueando aquí y allí, familiarizándose con su nueva casa.

Irritado por no haber tenido tiempo para etiquetar los cofres, Duke levantó la tapa del cofre más cercano y miró en su interior. Arriba del todo había una bolsa de terciopelo púrpura; en ella guardaba una espada especial, que había hecho forjar para regalársela a su hijo en su decimotercer cumpleaños. Tomó la bolsa y sacó la espada. Llevaba grabadas las iniciales de Jonathan justo debajo de la empuñadura de marfil tallado, junto al blasón de la familia. Duke admiró la espada. Era un arma de la que se sentiría orgulloso cualquier caballero.

Pero, pensando en su hijo, su furia se tornó tristeza. Ya echaba de menos a Jonathan, aún habiendo sido tan frustrante estar con él en los últimos días. Se le estaba haciendo difícil conseguir que fuera a las clases de esgrima y lanzamiento de jabalina. Y tampoco le entusiasmaba demasiado pasar el rato en la Tienda del Héroe. *¿Por qué?*, se preguntaba Duke. *¡Cualquier muchacho se habría entusiasmado haciendo estas cosas!*

Con el estómago como nata agitándose en una mantequera, Duke dejó la espada y se puso a pasear arriba y abajo, hablando consigo mismo y haciendo crujir los nudillos. Intentaba exprimir su pensamiento, mientras caminaba y hacía crujir los nudillos.

Siempre a punto para cualquier ejercicio extra, Prince le seguía, delante y detrás. Claro está que no podía caminar demasiado bien, porque tenía que ir esquivando demasiados cofres.

—¡Yo debería estar en mi casa –refunfuñó Duke–, enseñándole a mi hijo cómo cumplir con su destino! ¿Cómo voy a llevarle por el buen camino si ni siquiera vivimos en el mismo castillo?

Empezó a caminar más rápido, levantando la voz.

—¡Alguien tiene que hacer que ese remolón caballero en formación vaya a sus clases y practique! ¿Qué voy a hacer?

De repente, Duke se percató de que sentía un extraño peso en su pecho. Pensó en ignorarlo, suponiendo que se le pasaría. Pero a lo largo de la noche, mientras desembalaba (parando de vez en cuando para pasear, crujir nudillos y refunfuñar un poco más), la pesadumbre fue a más.

Cuando se despertó, al amanecer, sentía tanto peso en el pecho, que pensó que Prince se había echado encima de él; pero su mejor amigo estaba tumbado a un lado.

—¡Lo que faltaba! –dijo Duke–. Sólo me faltaba ponerme enfermo ahora. ¡Y toda la culpa la tiene Allie! En primer lugar, me echa de mi propio castillo; y, ahora, esto.

Pero resultó que el caballero no enfermó, a pesar de que la pesadez que sentía no se le iba. Echaba de menos ver a su hijo al levantarse por la mañana, o cuando se iba a la cama por las noches. Y, por mucho que se enfadara con Allie, también la echaba de menos a ella, así como a su castillo y la vida que llevaban juntos.

Recomponer su vida no iba a ser fácil, pero pasado un tiempo decidió que haría bien en intentarlo.

No pasó mucho tiempo antes de que Duke empezara a quedar con Cindy, una de las explosivas rubias que servían en el Bar de Jugos, y el nuevo romance alivió en parte la pesadumbre de su pecho.

Creyendo que todo iba bien, a Duke le pilló desprevenido cuando, después de varios meses viéndose, Cindy empezó a quejarse de que él no hablaba con ella *de verdad*, y que se estaba empezando a cansar de tanto esfuerzo por comunicarse con él.

Una tibia noche de verano, la pareja asistió a una interpretación musical de los Trovadores Ambulantes en el Viejo Teatro de Calle, en la plaza del pueblo.

En el entreacto, Duke se dirigió a Cindy:

—No has dicho una palabra desde que te recogí, y cada vez que intento tomarte de la mano la apartas. ¿Qué es lo que ocurre?

Un gesto de dolor cruzó el rostro de Cindy.

—No es nada.

—Vamos, Cindy –la instó–. Dímelo.

—No es buen momento, ni lugar –dijo ella en voz baja–. Estaba pensando en decírtelo después.

—No me pienso pasar toda la noche así. Dímelo ahora.

Las palabras que Cindy había estado reteniendo durante un tiempo salieron ahora a borbotones.

—No puedo seguir así. Bebo yo más jugo del que sirvo a los clientes. Quiero algo más que un superhéroe que admirar.

—Creía que te gustaban los héroes grandes, fuertes, duros y recios –respondió Duke, mientras exhibía sus bíceps juguetonamente.

—Sí, me gustan, pero no es suficiente.

Él intentó pasarle el brazo alrededor, pero ella suspiró y lo rechazó.

—No lo entiendes.

Algo incómodo, vago y familiar, apareció dentro de él.

—Escucha, Cindy, soy como soy. No deberías forzarme a que sea lo que no soy. No está bien.

—Bueno, tampoco está bien para mí estar tan sola cuando estoy contigo como cuando no estás. Eso es lo que hay, Duke el Caballero. Hemos terminado.

—Pero...

—Nada de lo que digas me va a hacer cambiar de opinión –dijo ella con rotundidad–. Y ya no vengas más a buscarme a la Tienda del Héroe. Necesito un cambio de paisaje. Me voy a la Playa del Músculo. Me han dicho que es el mejor sitio para que una chica supere la depre.

Cindy se levantó, se puso el bolso bajo el brazo y, apartándose el cabello con un movimiento de cabeza, salió de su vida.

Cuando Duke volvió a casa, a su castillo alquilado, se puso a dar vueltas como un león enjaulado, haciendo crujir sus nudillos, dándole vueltas a las palabras de Cindy.

—¡No me lo puedo creer! –gimió–. ¡No es justo! ¿Cómo me puede volver a ocurrir esto? Debería haberlo imaginado, antes que confiar en otra mujer. ¡Fui un estúpido por dejarme embaucar!

De repente, oyó en su cabeza la voz de Allie también, con tanta claridad como si hubiera estado allí mismo. Se tapó los oídos, intentando no escuchar las voces de las mujeres. Pero eso no funcionó, de modo que probó a hablar por encima de ellas, pero las voces se hicieron más fuertes. Y no tardaron en terminar vociferando los tres.

—¡Eso es! –bramó–. ¡Eso es lo que pasa con las mujeres! Caen sobre ti y, después, *¡bam!,* intentan cambiarte. Primero, te quieren de una manera y, luego, te quieren de otra. ¡Uno no puede vencer! ¡Nunca más volveré a pasar por ahí!

Despotricó y dijo barbaridades sin fin de Cindy y de Allie, hasta que quedó exhausto. Cuando cayó en la cama, el pecho le pesaba como nunca antes le había pesado.

Con el paso de los días, la pesadumbre del corazón de Duke fue en aumento, y su energía decreció. Y con el paso de los días, su dolencia se le hizo más y más fastidiosa. Probó a ordenar que se le fuera aquel peso, pero éste se negaba a dejarse intimidar.

El malestar que sentía en su pecho llegó a despertarle por la noche, pasándose las horas en la cama preguntándose por qué ocurría aquello y preocupándose por ello. No tardó mucho en necesitar dormir la siesta por la tarde para poder pasar el día, algo que resultaba de lo más problemático cuando tenía que salir en una misión de caballero. Decidió irse a la cama más pronto, pero lo único que consiguió con eso fue pasarse más horas dándole vueltas a la cabeza.

Al final, el caballero pensó que sería conveniente buscar ayuda, de manera que fue en busca del médico real.

—¡Ya no puedo soportarlo! –le dijo Duke–. ¡Tiene usted que averiguar qué es lo que anda mal en mí y darme uno de sus tónicos para liberarme de ello!

El médico le hizo un concienzudo examen.

—Está usted perfectamente –le anunció.

—¿Usted le llama a *esto* perfecto? –saltó Duke, llevándose el puño al pecho.

—Me gustaría poder ayudarle –respondió el médico comprensivamente–, pero no conozco ningún tónico que cure la pesadumbre de su corazón.

—¿Mi corazón?

El médico afirmó con la cabeza.

—Lo siento, pero este tipo de problema se halla fuera de mis competencias.

El pánico se aferró a la garganta de Duke.

—¡Usted es el mejor médico del reino! Si usted no puede ayudarme, ¿quién lo va a hacer?

El médico lo pensó por un instante.

—Quizás un especialista. He oído hablar de un Sabio que puede resolver hasta los problemas más difíciles y desconcertantes. Quizás él pueda darle una respuesta.

A Duke se le iluminó el rostro.

—¡Un especialista! ¡Eso es! ¿Dónde puedo encontrarlo?

Pero por desgracia, el médico no tenía ni la más remota idea.

Duke estuvo preguntando en la Tienda del Héroe y, aunque muchas personas habían oído hablar del Sabio, algunos comentaron que no era más que un mito y nadie sabía dónde encontrarlo.

Poco después llegó el cumpleaños de Jonathan y, aunque Duke no había estado para fiestas en todo aquel tiempo, invitó a algunos de los amigos de su hijo y a los asiduos de la Tienda del Héroe para darle una sorpresa al muchacho. Había encargado el pastel de cumpleaños favorito de Jonathan, doble de chocolate con relleno de manteca de cacahuete.

Tras la cena, trajeron el pastel y lo mantuvieron en alto para que todo el mundo lo viera. Duke leyó en voz alta, con orgullo, lo que ponía encima con glaseado rojo: «Feliz 13.º Cumpleaños, Johnny, Futuro Caballero n.º 1».

Los invitados levantaron las copas.

—Por Johnny –clamó un coro de voces.

El muchacho se movió inquieto en su asiento, jugando nervioso con la servilleta en su regazo.

Duke puso sobre la mesa, delante de su hijo, un largo y estrecho paquete, pulcramente envuelto. Jonathan lo abrió metódicamente, apareciendo una bolsa de terciopelo púrpura. Desanudó el cordón y sacó la espada que Duke había reservado para aquel día.

Era una copia exacta de la famosa espada de Duke, espada que le hiciera y regalara su padre mucho tiempo atrás, cuando cumplió los trece años; espada que, a su vez, era una copia de las que usaran su padre y su abuelo; las cuales, estaban convencidos, les habían sido de gran ayuda para llevarles a la cima del negocio de matar dragones.

Por toda la habitación resonaron los *ohs* y los *ahs,* y la cabeza de Duke se anegó en el recuerdo de lo orgulloso y emocionado que se había sentido cuando le regalaron a él su espada.

—Johnny —comenzó a hablar—, éste es, ciertamente, un gran momento en tu...

—No puedo aceptarla, padre —le interrumpió Jonathan devolviéndole la espada—. ¡Ya no puedo aceptar *nada* de todo esto!

El chico dejó la espada en las manos de su padre.

Duke estaba atónito. Todos los asistentes se movieron incómodos en sus asientos.

—Estoy cansado de ir adonde no quiero ir y de hacer lo que no me gusta hacer —le espetó Jonathan—. Odio las clases de lanzamiento de jabalina. No soy bueno en esgrima. Siempre me estoy lastimando. Me gusta más el ajedrez que las justas, y prefiero las conferencias de la Academia Real a las historias de la Tienda del Héroe.

»No puedo ser lo que tú quieres que sea, padre. Nunca seré un caballero. Y soy Jonathan, no Johnny.»

El labio inferior empezó a temblarle.

—Lo siento. Lo siento, padre, pero no puedo ser tú.

Y, luego, salió apresuradamente de la habitación.

Los invitados desfilaron como si estuvieran saliendo de un funeral. Algunos se detuvieron para estrechar comprensivamente la temblorosa mano de Duke; otros le dieron unas palmaditas en la espalda. Casi todos evitaron encontrarse con su mirada.

Duke encontró a Jonathan sentado en el carro dragón. Puso la espada en la parte trasera y llevó a su hijo a casa. Los únicos sonidos que se escuchaban eran el rechinar de las ruedas del carro y el golpeteo hueco de los cascos de los caballos sobre los adoquines de las calles.

La cabeza de Duke no paraba. *¡Es horrendo! ¡Terrible! ¡Que nunca llegue a ser un caballero! Mi hijo debía ser lo que se suponía que tenía que ser, aquello para lo que nació. ¡Tendrá que cambiar! ¡Faltaría más!* Pero Duke estaba demasiado disgustado y tenía demasiado miedo de lo que podría decir –de lo que podrían decirse ambos–, como para hablar en aquel momento con Jonathan.

Después de lo que se le antojó un viaje interminable, Duke detuvo el carro dragón delante de su antiguo castillo.

Jonathan miró a su padre con tristeza.

—¿Por qué no te gusto como soy, como hace Edward?

—¿Quién es Edward? –preguntó Duke, sintiendo como si alguien le estuviera apuñalando el estómago.

—Es el amigo fuerte de mamá. Le conocí una noche, cuando estaba dando una conferencia en la Academia Real. Bueno, no importa. No debería haberlo mencionado.

Mientras Duke intentaba responder, Jonathan bajó del carro.

—Buenas noches, padre –dijo con delicadeza, bajando la cabeza–. Lo siento. No pretendía arruinarte la sorpresa.

Después, se dio la vuelta y se dirigió, con los hombros caídos, hacia la puerta del castillo.

Tras ver entrar a su hijo, Duke alargó la mano y acarició a Prince.

—¿Qué voy a hacer, eh, amigo?

Aquella noche, la pesadumbre del pecho de Duke se agravó aún más. Era como si tuviera un guijarro en el corazón.

—Es culpa tuya, Johnny –dijo, golpeándose con el puño en el pecho–. ¡Y eres *Johnny*, no Jonathan! Tú nunca serás Jonathan, si tengo algo que ver en ello, no importa lo que el tal Edward diga. ¿Me oyes? ¿Cómo me has podido hacer esto, después de todo lo que he hecho por ti? ¡No está bien! ¡No es justo! ¡No me merezco esto! ¡No te voy a dejar en paz hasta el día que me muera!

A partir de entonces, Duke empezó a mirarse todos los días en el espejo para ver si parecía tan pesado como se sentía. Día a día, se iba viendo más y más triste, y más cansado, pero no más gordo.

Con el paso de los días, el corazón se le hizo más y más pesaroso, con la carga de todo lo que debería ser y todo lo que no debería ser, con todo lo que tendría que ser y todo lo que no tendría que ser, con todo lo que se supone que habría de ser o no, con todo lo terrible y lo horrible, y con todo lo que no podía soportar.

Y a medida que aumentaba la pesadumbre, la velocidad de rayo de la que Duke hacía gala comenzó a desvanecerse. Ya no podía correr hasta el carro dragón y saltar sobre el asiento cuando se le llamaba a una misión. Su elaborado y saltarín juego de piernas, que solía utilizar para fascinar a los dragones antes de lanzarse a matar, parecía ahora más bien un vals. Afortunadamente, nadie excepto Prince había tenido ocasión de presenciar esto, y siempre podría contar con él para que le guardara sus secretos de caballero. Pero Duke sabía que, si su lentitud seguía avanzando, sería cuestión de tiempo el que sus misiones comenzaran a conllevar riesgos y que empezaran a circular rumores. Y no podía permitir que eso sucediera. Tenía que hacer algo, y rápido.

Probó a ponerse compresas de hielo en el pecho, pensando que, quizás así, encogiera su pesaroso corazón. Pero fue una pérdida de tiempo total, y era una lata tener que limpiar los charcos que hacía el hielo al fundirse.

Después, Duke fue a la Tienda del Héroe y se compró un pectoral ligero, un escudo facial y un par de botas ultraligeras. Pero eso tampoco funcionó, de modo que se decidió a llevar una dieta estricta. «Quizás pueda perder peso con más rapidez de lo que lo gana mi corazón», pensó.

Pero tampoco hubo suerte.

Duke se estaba quedando sin opciones. Intentó ahogar sus penas una noche, enjugándose en la Tienda del Héroe, pero lo único que consiguió fue ponerse en tan lamentable estado, que al volver a casa se metió en su antiguo castillo y lo echaron de nuevo.

Con el tiempo, el corazón llegó a pesarle tanto, que tenía que apoyarse de espaldas para no caer de bruces. Esto le suponía un gran problema, en especial cuando estaba cargando contra un dragón. En dos ocasiones estuvo a punto de irse de narices al suelo.

Probó a ponerse en la espalda un macuto cargado de piedras para equilibrar el peso, pero era algo tan voluminoso que difícilmente se podía dar la vuelta. Duke sabía demasiado bien que, en su negocio, ser lento o no tener equilibrio podía significar un desastre, pero no sabía que más podía hacer. Había intentado todo lo que se le había ocurrido.

Pensar en sus problemas le desconcentraba cada vez más y, con frecuencia, no se daba cuenta de que había dejado de prestar atención a lo que estaba haciendo hasta que era demasiado tarde. Se iba topando con todo, y se estaba haciendo olvidadizo.

También empezó a temer perder la presa de mano cuando se le escurrió una jarra de sidra de manzana de entre los dedos, estrellándose en el suelo de piedra y haciéndose añicos.

Prince llegó corriendo y derrapando, parando justo a tiempo, antes de meter las patas en aquel desastre.

—¡Quédate ahí, chico! –le gritó.

Se inclinó, apoyando la mano en la pierna, para poder soportar el peso del corazón, y se puso a recoger los trozos más grandes de la jarra. Pero, de repente, se cortó con uno de los pedazos.

—¡Maldición! –gruñó.

Se echó algo de licor sobre la herida y se puso una venda limpia, intentando no pensar en qué más podría salirle mal. Aunque, en realidad, no importaba.

Nada importaba ya demasiado.

Capítulo Dos

Una Misión Inolvidable

A la mañana siguiente, Duke paseaba de aquí para allá preocupado, haciendo crujir los nudillos y quejándose ante Prince.

—He oído hablar de gente que tenía pesadumbre de corazón, ¡pero esto es ridículo! ¡Allie, Cindy y Johnny están arruinando mi vida!

Estaba furioso con ellos por haberle provocado aquella pesadumbre de corazón, y estaba enfadado consigo mismo por no ser capaz de liberarse de ella. A veces, incluso, se enfadaba consigo mismo por estar enfadado.

—¡Está mal! ¡Todo mal! ¡Todo está mal! –decía–. Las cosas no deberían ser así. Deberían ser como se supone que tienen que ser, como tendrían que ser, como suelen ser. ¡No lo puedo soportar!

Cansado al parecer de tanto ir de aquí para allá al lado de Duke en los últimos tiempos, Prince dejó el paseo por esta vez. Sin embargo, no estuvo mucho tiempo sentado, pues un ruido de picoteo le llevó hasta la ventana.

Duke sonrió al ver al palomo mensajero del Servicio de Mensajería de Urgencias. Abrió la ventana.

—*¡Hola! ¡Hola,* Sebastián![1]

El palomo, enamorado de la música latina, bailaba sobre una pata a ritmo de chachachá –hop, hop, hop-hop-hop–, mientras tendía la otra pata hacia Duke. En ella, tenía una banda elástica con una nota enrollada. Evidentemente, el caballero ya sabía que cada vez que venía Sebastián era para entregar un mensaje, pero Sebastián no sería Sebastián sin su baile.

—*Gracias* –dijo Duke.

Tomó la nota, intranquilo al pensar en la inminente misión, y despidió al palomo con la mano mientras se iba.

Leyó el mensaje y suspiró.

—De acuerdo, chico. Hay un dragón que matar. Vamos.

Prince salió corriendo hacia la puerta trasera, ladrando una y otra vez, hasta que Duke le dio alcance. Luego, salió corriendo en dirección al granero, mientras el caballero le seguía con el paso cansino. El perro no dejaba de dar saltos impacientemente, mientras Duke forcejeaba para ponerse su atuendo retardante del fuego sobre la ropa. Se cambió las botas y enganchó los caballos.

Mientras Prince y él cruzaban las calles en el carro dragón, sentía tanto pesar en el corazón que ya no latía excitado como solía hacerlo. Tampoco le excitaban los saludos y los vítores de los aldeanos al pasar. Era como si todo aquello le aburriera.

El cielo, al igual que su humor, se encapotó con unas oscuras y siniestras nubes. «¿Un humor gris puede hacer un día gris?», se preguntó. Se alegró de llevar su equipo de incle-

---

1. En castellano en el original. *(N. del T.)*

mencias del tiempo en el portaequipajes de herramientas de héroe que llevaba en su carro. Uno nunca sabía cuando iba a necesitar su supertraje de caballero de todo tiempo, con botas antideslizantes, guanteletes de firme agarre y escudo facial con desviador de lluvia.

Para cuando Prince y él llegaron a la cueva donde se había avistado al dragón, comenzó a caer una lluvia fina. Su presa no estaba a la vista.

«Lástima que no llueva con más fuerza», pensó Duke, recordando cuántas veces se había aprovechado del. mal tiempo. Prince se puso a olfatear al dragón, y Duke, saltando con rapidez, fue tras él. Los truenos, el viento y el ruido de la lluvia al caer sobre las rocas engulleron el sonido de sus pasos y el de la espada al desenfundarla. Normalmente, en pocos minutos estaría todo resuelto.

Aunque emboscar a un dragón por detrás era la técnica más segura, Duke solía preferir el desafío cara a cara, hombre y dragón, y empleaba sus movimientos de experto para imponerse con soltura y rapidez. Era una cuestión de honor, y de emoción en la contienda.

Pero esta vez fue diferente. Esta vez, Duke se estremeció al pensar en un combate cara a cara con una poderosa y gigantesca fiera que escupía fuego. Evaluó la situación con detenimiento, como hubiera hecho cualquier caballero. En su actual estado, no podía moverse mucho más rápido que un lento y torpe dragón, y tenía mucha menos firmeza en sus pies. Si hubo alguna vez un día en que fuera buena idea confiar en el elemento sorpresa, ese día era aquél. Pero no era probable pillar al dragón desprevenido, a menos que la tormenta empeorara pronto; y con eso no podía contar. Además, sospechaba que el dragón estaría dentro de la cueva, y le iba a resultar muy difícil ponerse detrás de él sin que lo detectara. Duke sabía que tendría que buscar otra forma mejor para hacer su trabajo.

Entonces, tuvo una idea.

Le hizo señales a Prince para que entrara en la cueva e hiciera salir al dragón. Mientras tanto, trepó a unas rocas que había por encima de la entrada de la cueva y se puso a esperar.

Cuando Prince salió corriendo de la cueva, vio salir también al dragón, moviéndose pesadamente tras él. Duke esperó en silencio hasta que la bestia pasó por debajo y, entonces, saltó al suelo unos metros por detrás del dragón. Pero en el momento en que tocó el suelo sintió un dolor agudo en el tobillo, y dio con todo su cuerpo en la tierra sucia y húmeda.

—¡...dito sea este exceso de peso!

El dragón de detuvo, se dio la vuelta y se quedó mirándole. Duke nunca había visto un dragón desde el suelo. Era enorme. Y estaba tan cerca que podía ver cómo resbalaban las gotas de lluvia sobre sus brillantes escamas. La bestia dejó escapar un ruido sordo, el que hacen los dragones inquietos cuando disparan sus chorros de fuego amenazadores en el aire.

Suponiendo que no le daría tiempo para ponerse en pie, e inseguro de si podría sostenerse sobre su tobillo lesionado, Duke levantó su valiosa espada y apuntó con ella amenazadoramente al dragón. Ni impresionado ni asustado, el dragón continuó disparando chorros de fuego, esta vez hacia el suelo, a pocas pulgadas del caballero.

Duke agradeció que su traje de caballero fuera retardante del fuego, pero su espada se puso tan caliente, que le quemó la mano derecha a través del guantelete de firme agarre, y dejó caer la espada al suelo.

El miedo hizo presa en él. Un miedo como no había sentido jamás. Un miedo tan grande y tan fuerte que le paralizó. Tenía miedo de que el dragón pusiera fin a su vida, y tenía miedo de lo que podría terminar siendo su vida si el dragón *no* le ponía fin.

La bestia llevaba las de ganar, y ambos lo sabían. De hecho, lo sabían los tres, pues Prince, siendo como era un experto acompañante de caballero, intentaba desviar la atención de su presa introduciéndose entre ella y su señor, ladrando salvajemente, corriendo de aquí para allá y saltando para morderle las patas.

Mientras el dragón veía dónde metía las manos (o, más bien, las patas) ante los ataques de Prince, Duke se las apañó para ponerse en pie y agarrar la espada de nuevo, pero aún estaba demasiado caliente para sujetarla; de manera que, sabiendo que no tenía otra opción que la retirada, se alejó cojeando tan rápidamente como pudo en dirección al carro, mirando hacia atrás por encima del hombro, para ver si Prince se hallaba bien y para asegurarse de que el dragón no iba tras él.

Pero la bestia no tardó en perder el interés por el latoso perro y se fue detrás de Duke, pasando exactamente por encima de su valiosa espada, que se hallaba en el camino del dragón.

Cuando Duke llegó al carro estaba exhausto, el tobillo le palpitaba, la mano le escocía y el dragón estaba justo detrás de él. Se lanzó por un costado del carro y cayó en su interior, agarró frenéticamente las riendas y le dio un silbido a Prince, que seguía pugnando por retener al dragón.

En cuanto Prince saltó dentro del carro, los corceles partieron al galope. El carro se tambaleó y rebotó sobre rocas y hoyos, inclinándose peligrosamente, primero a un lado, y luego a otro.

La lluvia arreció, pero Duke mantuvo a los caballos a pleno galope, intentando poner tanta distancia como fuera posible entre ellos y el dragón.

Una vez que perdieron de vista al dragón, Duke echó un rápido vistazo a Prince, que estaba sentado a su lado.

—¡Qué bien que nadie haya podido ver a tan inmejorable equipo! ¿Eh, chico? —le gritó, elevando la voz sobre el ruido de los cascos de los caballos y de las ruedas del carro—. No ha sido culpa tuya. Tú hiciste tu parte.

De repente, el carro dio con un gran agujero y, ladeándose, se puso sobre dos ruedas, lanzando a Duke por el aire hasta chocar, con el trasero, contra el tronco de un gran roble.

El carro continuó solo, tambaleándose y rebotando sobre el suelo, mientras los corceles seguían a toda velocidad y Prince ladraba enloquecido desde el asiento delantero.

Duke sabía que estaba herido, pero lo único que sintió fue pánico, al pensar en su leal compañero, llevado por unos caballos desbocados. Prince podía resultar herido, incluso muerto. ¿Y qué decir de los hermosos corceles de Duke, y de su carro de diseño exclusivo, con todas sus herramientas de héroe? No había nada que pudiera hacer. Hubo un tiempo en que hubiera sido capaz de salir corriendo detrás del carro; pero eso era cuando él era tan rápido como el rayo, tan poderoso como el tornado, y capaz de matar a su presa con una única estocada.

Pensando en esto, su cabeza volvió atrás; atrás, hasta aquel lugar, a los pies del dragón; el primer dragón que le hubiera derrotado jamás. El miedo se aferró de nuevo a su garganta; miedo al dragón y miedo a una vida sin la excitación de las galopadas en el carro, sin recorrer las adoquinadas calles con los vítores de los aldeanos, sin deslumbrar a los dragones con su fascinante juego de piernas.

Una vida sin todo aquello que amaba, sin todo lo que él era.

—¡No! –gritó Duke–. ¡Soy el caballero número uno! ¡Ése soy yo! ¡Y así *debe* ser! ¡Debe! ¡Debe!

Duke gritaba ante el ahora furioso viento.

—¡Mi vida está arruinada! ¡Es tremendo! ¡Es terrible! ¡Ya no puedo más!

Un trueno retumbó, y un rayo restalló en el cielo oscuro. Gruesas gotas de lluvia cayeron alrededor del árbol, mientras éste protegía al caballero, sentado en el suelo, con su gigantesco paraguas de follaje.

—*Ahora* viene la tormenta –murmuró tristemente–, aunque da lo mismo. No estoy en forma para luchar con dragones, aunque el tiempo esté de mi parte.

Se quitó el escudo facial y se miró el despedazado y empapado traje de caballero. Suspiró y se desató la coraza, se quitó la bota y sacó la mano del chamuscado guantelete. El tobillo se le estaba hinchando, la mano se le estaba convirtiendo en una ampolla, y tenía el trasero tan dolorido que apenas podía estar sentado –algo que le habría resultado divertido de no estar tan deprimido.

—Esto debe ser lo que significa ir de culo, literalmente –dijo, mientras se frotaba el dolorido trasero.

Ahora, más que nunca, necesitaba pensar con claridad; pero, en su situación, ni siquiera podía darse paseos mientras hacía crujir los nudillos. Mi carro no es lo único que está fuera de control, pensó. Toda mi vida está desquiciada.

Unas cuantas gotitas saladas resbalaron por sus mejillas. Con el corazón más pesado que nunca, Duke elevó las manos hacia el cielo y miró, más allá de las ramas, a la lluvia que caía.

—Que alguien me ayude –gritó–. No sé qué hacer. Si hay alguien o algo ahí... por favor, que me ayude.

Capítulo Tres

Un Encuentro
con el Sabio

Duke gritó una y otra vez en el gran más allá, intentando vaciar de dolor su corazón.

De repente, una voz se abrió paso en su desesperación.

—Cuando alguien pide ayuda sinceramente, ni el trueno, ni el rayo, ni el más fuerte aguacero puede impedir que se le dé.

Duke se estiró y miró alrededor.

—¿Quién ha dicho eso?

—¿Quién? ¿Quién? ¡Fui yo! —llegó la respuesta.

Parecía venir del árbol contra el cual había chocado Duke.

—¿Dónde está? —gritó Duke—. ¿En el árbol? ¿Qué está haciendo ahí arriba? Además de empaparse con la lluvia, claro.

—Bueno, estaba durmiendo la siesta… o sea, hasta que el clamor de los caballos y de las ruedas del carro me han despertado, justo a tiempo para verle volar por el aire y estrellarse contra el tronco del árbol.

—¿Estaba durmiendo la siesta en un árbol? ¿Le pasa algo?

—A mí no me pasa nada. La pregunta es, ¿qué le pasa a *usted?* –inquirió la voz–. Es *usted* el que ha pedido ayuda.

En aquel momento, descendió un gran búho con una bolsa negra en el pico. Puso la bolsa en el suelo, dio una palmada con las alas y se puso recto el estetoscopio que le colgaba del cuello.

—Permítame que me presente –dijo el búho con un aire digno–. Henry Herbert Hoot, M. C., a su servicio.[2] Mis amigos me llaman Doc. Como M. C. indica, soy médico del corazón. Estoy especializado en corazones rotos, doloridos y apesadumbrados.

Duke se había quedado mudo de estupor. ¿Un búho que hablaba? No podía ser verdad. ¿Habría perdido el conocimiento al chocar contra el árbol? Pensó en pellizcarse a sí mismo, por ver si estaba soñando, pero decidió que ya tenía demasiados dolores como para obsequiarse con uno más.

Doc había visto aquella mirada de incredulidad en muchas ocasiones.

—Todos reaccionan igual –dijo–. Tengo algo aquí que le ayudará a disipar sus dudas.

El búho metió el ala en el bolsillo delantero de la bolsa negra y, con asombrosa precisión, sacó unos pergaminos enrollados y sujetos con cintas doradas, y se los dio a Duke.

—Éstas son mis credenciales –explicó–. Las llevo conmigo desde que dejé de tener una pared de despacho donde ponerlas.

Mientras leía un pergamino tras otro, Duke estaba con la boca abierta.

---

2. *Hoot* significa «ulular». *(N. del T.)*

—Pe... pero... aquí se certifica que es usted médico con todas las de la ley, que se licenció como primero de su clase en la Escuela de Medicina Imperial del Reino, y que satisfizo todos los requisitos para la especialidad en cuestiones del corazón.

—Sí, y también tengo muchas cartas de agradecimiento de pacientes que sufrían problemas sumamente difíciles y desconcertantes –añadió orgullosamente Doc.

Duke estaba tan asombrado que le llevó unos instantes tomar conciencia de lo que el búho había dicho.

—Problemas difíciles y desconcertantes... Mmm... He oído de alguien que puede resolver los problemas más difíciles y desconcertantes. La gente le llama el Sabio. He estado mucho tiempo esperando encontrarle, pero no tenía ni idea de dónde buscar. ¿Lo conoce usted, por casualidad?

—Bueno, bueno. Hoy es su día de suerte –dijo Doc.

Duke estaba perplejo.

—Primero, casi me mata un dragón. Después, casi me vuelvo a matar al estrellarme contra un árbol. Mis magníficos corceles andan desbocados con mi carro de diseño exclusivo, con mi insustituible colega, Prince, y con mis mejores herramientas de héroe, ¿y usted dice que es mi día de suerte? ¡No me gustaría saber cuál es su versión de un mal día!

—Muchas experiencias que parecen desafortunadas al principio resultan ser sumamente afortunadas al final –dijo Doc–. Simplemente, dese cuenta de que, si no hubiera tenido que huir del dragón, no habría llegado hasta aquí en su enloquecida carrera. Y si no hubiera llegado hasta aquí en su enloquecida carrera, no se habría estrellado exactamente contra este árbol en el momento exacto en que yo estaba durmiendo la siesta, y no se habría puesto a pedir ayuda, con lo cual aún no me habría encontrado.

—¿Usted cree que merecía la pena pasar por todo eso sólo para encontrarle a usted? ¿Por qué? ¿Porque usted sabe dónde puedo encontrar al Sabio? —preguntó Duke esperanzado.

—No. Porque yo *soy* el Sabio —respondió Doc, estirándose y levantando su plumosa cabeza.

—¡Usted no puede ser el Sabio! —dijo Duke indignado—. Para eso, debería ser usted un médico de aspecto normal, sólo que con una larga barba gris y poderes especiales. ¡Pero si ni siquiera es una persona!

—Todo el mundo sabe que los búhos son sabios. De hecho, más sabios que algunas personas. Suele ocurrir que los maestros de uno tengan un aspecto diferente del esperado, y es fácil que se nos pasen inadvertidos sin que aprendamos todo lo que ellos nos pueden enseñar. Los maestros pueden presentarse de muchas formas; algunos, incluso, con formas tan poco habituales como la de un búho parlanchín.

En circunstancias normales, Duke habría pensado que le estaban tomando la peluca, algo que habría resultado un tanto difícil, dado que nunca había tenido peluca. Pero éstas no eran circunstancias normales. Aquel búho era real, y a fe suya que era médico. También estaba reputado de ser Sabio, de que podía resolver casi cualquier problema, y tenía un montón de cartas de agradecimiento para demostrarlo. Además, Duke estaba desesperado y, a caballo regalado —o búho regalado—, no le mires el diente.

—Bien, veamos la razón por la que usted ha aparecido volando en mi vida —dijo Doc con una sonrisita, divertido con su propia ocurrencia—. Es toda una novedad que alguien aparezca volando en *mi* vida, para cambiar. Hablando de cambiar… bueno, lo primero es lo primero. Ya hablaremos de eso más tarde.

Duke no quería hablar de cambiar ni de nada parecido, salvo de cómo liberarse de la pesadumbre de su corazón.

—De acuerdo, Señor Sabio… hum, Doc. De verdad necesito su ayuda. Nada está siendo como debería ser. ¡Es todo tan tremendo! ¡Estoy desesperado! ¡Tengo el corazón tan pesado que está arruinando mi vida! La que fue mi esposa me echó de mi castillo, mi hijo me dijo que no quería ser caballero y mi amiga me dejó plantado. Empecé a venirme abajo y empezó a salirme todo mal… no, primero empezó a pesarme el corazón, y yo me hice más lento y… y *después* empezó a salirme todo mal… bueno, no importa, eso ya lo había dicho antes. Más tarde, mi fascinante juego de piernas se volvió… Oh, no le he dicho quién soy. Quizás haya oído hablar de mí. Soy Duke, el caballero número uno del país… al menos, lo era hasta hoy. Bueno, supongo que sigo siéndolo, más o menos. Quiero decir que nadie sabe aún lo que ha ocurrido, quizás, ¡no lo sé! ¡No lo sé! ¡No puedo perder mi título! ¡Es mi vida! Tendría que ser así. ¡No puedo vivir sin eso! Y pobre Prince. Perderlo así.

Duke jadeo en busca de aire.

—Espere. Lo estoy mezclando todo y me estoy dejando cosas importantes. Ni siquiera soy capaz de explicarme. Ya no puedo hacer nada bien. ¿Debo volver a empezar?

—No es necesario –dijo Doc amablemente–. Lo sé todo de usted. Como ya he mencionado, soy un experto en corazones pesarosos. Ése es el motivo por el cual fui yo el que respondió a su petición de ayuda. La verdad es que le estaba esperando. Lo único es que no estaba seguro de dónde o cuándo nos encontraríamos.

—No sé cómo puede saberlo todo de mí pero, en ese caso, no sé cómo puede usted hablar como un médico o ser médico. No me sorprende que le llamen el Sabio. Bueno, si lo sabe todo de mí, entonces sabrá que yo haría cualquier cosa para liberarme de la pesadumbre de corazón –dijo Duke agarrándose el pecho.

—¿Está seguro de lo que dice? ¿Está dispuesto a hacer *cualquier cosa?*

—¡Sí! ¡Sí! Cualquier cosa. Incluso dejar que me cure el corazón un médico que es un búho. Es mi única esperanza.

—Es estupendo que esté dispuesto a poner de su parte porque, simplemente, yo no puedo curar ese corazón por usted. Sólo usted puede hacerlo.

Duke se quedó atónito.

—¿Yo? Si yo pudiera hacerlo, ¿no cree que lo habría hecho ya? –respondió–. ¿Acaso estaría aquí, con toda mi vida vuelta del revés? Me siento como un barco sacudido por un mar tempestuoso, de aquí para allá, de allá para aquí. No tengo paz alguna. Y no la tendré hasta que usted me libere de esta pesadumbre en el corazón y me vuelva a hacer fuerte y rápido de nuevo y sea capaz de luchar con los dragones como solía hacerlo, y hasta que usted resuelva mis problemas con Allie, con Cindy y con Johnny.

El búho se puso el ala en la barbilla.

—Exactamente, ¿a qué problemas se refiere?

—Bueno, el problema con Allie y con Cindy es que siguen pensando pestes de mí, y que me culpan de todo. No es que quiera que vuelvan conmigo ni nada de eso. Es sólo que quiero que comprendan que la culpa de todo es de ellas, no mía. Y tengo un montón de problemas con Johnny. Johnny se niega a convertirse en un caballero, y Allie no está ayudando en nada. ¿Se da cuenta de cuánto le necesito a usted?

—Mmm —dijo Doc moviendo la cabeza reflexivamente.

—¡Vamos! —imploró Duke—. Usted puede resolver cualquier tipo de problema. ¿Puede utilizar algún tipo de magia que haga que las cosas sean como tienen que ser? Y también podría darme alguna medicina especial que me aligere el corazón.

—Un barco en un mar tempestuoso... Mmm... de aquí para allá. Mmm... un corazón pesaroso —murmuró Doc—. Sí, tal como pensaba. Esto confirma mi diagnóstico. Usted tiene los síntomas típicos de un mal-estar de corazón, que se manifiesta como pesadumbre de corazón.

—No entiendo —dijo Duke—. ¿Qué es un mal-estar de corazón?

—En general, se podría decir que es lo opuesto del bienestar de corazón. Técnicamente, su trastorno es una reacción ante las adversidades (decepciones, pérdidas y demás) en el cual el corazón se llena de emociones negativas. En el mal-estar de corazón Tipo I, la reacción es adecuada y manejable. La tristeza o el enfado, así como los distintos síntomas, aunque son molestos, tienden a remitir con el tiempo.

—Pero no han remitido. Van a peor y peor, y mi vida es un desastre.

—Eso, normalmente, es un indicio del Tipo II.

—¿Tipo II? ¿Qué es eso?

—En el Tipo II, uno reacciona ante las adversidades llenando el corazón con más emociones negativas extremas que en el Tipo I: angustia, gran ansiedad, ira y, frecuentemente, una frustración, un miedo y un dolor excesivos. A medida que se acumulan estos potentes sentimientos, el corazón se va haciendo cada vez más pesado. Cuando el trastorno se hace severo, puede traer multitud de síntomas, entre los que se encuentran (pero no se limitan sólo a eso) una notable reducción de energía, fuerza, velocidad, resistencia, concentración y motivación.

Duke pensó en ello por un momento.

—Bueno, me ha estado pasando todo eso.

—Sí, y algunos pacientes incurren potencialmente también en graves complicaciones secundarias, como trastornos de equilibrio, que vienen como consecuencia del incremento significativo del peso concentrado en el cuadrante frontal izquierdo del pecho, algo que usted también ha experimentado. Son habituales las caídas y otras lesiones. Es éste un trastorno tan difícil de manejar por parte de los pacientes que terminan recurriendo a medidas extremas, que pueden complicar aún más su trastorno y su vida, como sabe usted también de primera mano.

—Sí, claro –refunfuñó Duke indignado.

Pero Doc prosiguió.

—Aunque el Tipo I y el Tipo II parecen diferir sólo en grado, y ninguno de los dos muestran una patología demostrable, existen diferencias importantes tanto en su etiología como en su pronóstico.

—¿Podría repetir eso otra vez, más despacio? –preguntó Duke, a quien le daba vueltas la cabeza–. Aunque, pensándolo mejor, no. No creo que pueda captarlo.

Doc esperó pacientemente, sabiendo que escuchar el diagnóstico de uno mismo puede ser abrumador al principio.

Poco después, Duke dijo:

—Eso lo demuestra. Yo sabía que la pesadumbre de corazón era todo culpa de ellos –suspiró–. Si las cosas dejaran de ir mal y fueran como deberían ser, si algunas personas hicieran lo que deben hacer y dejaran de hacer lo que no deben, otras personas no estaríamos en un estado de mal-estar, o no-estar, o in-estar, o lo que sea, ¿no? Entonces, estas personas no terminaríamos con pesadumbre de corazón, ¿no es así?

Doc inclinó la cabeza a un lado.

—Ésa es una forma de verlo. Sin embargo, hay un montón de cosas que usted aún no entiende.

—Entenderlo no va a cambiar nada.

—Al contrario, entenderlo lo cambia todo –le corrigió Doc.

—¿Quiere eso decir que no va a hacer usted nada respecto a Allie, a Cindy y a Johnny?

El búho agitó las alas y estiró su gran cuerpo.

—Los problemas que tiene usted con ellos se resolverán con el tiempo. Sin embargo, aquí no hablamos de *ellos*. Aquí hablamos de *usted*.

Capítulo Cuatro

Prescripción
para un Corazón Pesaroso

Duke se sentía frustrado. Parecía todo tan absurdo. ¿Quién hubiera creído que Duke, el caballero número uno, estuviera atascado bajo un árbol, con un malestar de corazón Tipo II, su vida patas arriba, pegando la hebra con un búho especialista del corazón? Pero, absurdo o no, ese búho era su única esperanza por el momento. Le observó con curiosidad, mientras Doc alcanzaba su bolsa negra.

—Trato tantos casos como el suyo, que tengo la prescripción impresa —dijo, arrancando la página de arriba de su libreta de recetas y dándosela a Duke. Decía:

HENRY HERBERT HOOT, M. C.	
NOMBRE:	*Duke el Caballero*
DIRECCIÓN:	*Castillo de Alquiler para Solteros*
DPS	*SERENIDAD*
DOSIS:	*Tome tanta como pueda,*
	tan a menudo como pueda.
REPOSICIONES:	*Ilimitadas*
FIRMA:	*Henry Herbert Hoot, M. C.*

—¿Una medicina llamada serenidad? –preguntó Duke–. Nunca había oído hablar de ella. ¿Es un tónico que se bebe? Ya sé, es algo que me tengo que frotar en el pecho, sobre el corazón. Apuesto a que es eso.

—No es nada de eso. Es, simplemente, la vieja y cotidiana serenidad. Esa especie de paz mental.

—¿Me está tomando el pelo? –saltó Duke, meneando la receta en el aire–. ¿Cómo se supone que voy a hacer esto? ¡A menos que usted sepa de un farmacéutico que venda serenidad por prescripción médica!

—La verdad es que sé de un sitio mejor que la farmacia donde puede usted encontrar la serenidad que necesita –dijo Doc.

Duke meneó la cabeza.

—No estoy muy seguro de todo esto. ¿Cómo sabe usted siquiera que va a funcionar, suponiendo que la consiga? Quiero decir que ni siquiera es una medicina de verdad.

—Oh, la serenidad es una medicina bajo cualquier punto de vista –dijo el búho pacientemente–. Según investigaciones realizadas a lo largo de muchos años por parte de las mejores mentes científicas del país, se ha demostrado de forma consistente que la serenidad es el mejor tratamiento para la mayoría de casos de mal-estar de corazón. De hecho, es el único tratamiento eficaz y duradero disponible. Hasta la fecha, un tratamiento completo de serenidad puede proporcionar una ligereza de corazón imposible de alcanzar por medio de otros tratamientos. Tengo algunos extractos médicos de las últimas investigaciones en mi bolsa. Le invito a que les eche un vistazo.

A Duke se le iluminó la mirada.

—¿Ligereza de corazón? ¿De verdad? ¡Oh, qué no daría yo por tener el corazón ligero! —dijo, pensando en lo que supondría liberarse de aquella molesta pesadez.

Si fuera verdad eso, él volvería a ser tan rápido como un rayo, tan poderoso como un tornado, y capaz de matar a su presa con una única estocada. Podría conservar su título de caballero número uno del país. Y ya no se vendría abajo, ni le saldría todo mal, ni se olvidaría de las cosas, ni...

Entonces, creciéndose, llegaron los *y si:* ¿Y si Doc, el Sabio, siguiera insistiendo en tratarle a *él,* en vez de a *ellos?* ¿Y si pudiera convencer a Doc para que obrara su magia con ellos pero, en lugar de esto, terminara creyendo que los que tenían razón eran ellos? ¿Y si, a pesar de todo, no mejorara? ¿Y si hubiera perdido ya su título ante un joven y advenedizo caballero al que hubiera ayudado a formar? Sería una desgracia humana, una indigna gloria del pasado, un don nadie. ¿Y si le hubiera ocurrido algo a Prince? Estaría completamente solo.

La voz de Doc interrumpió sus ensueños.

—Sus problemas más difíciles y desconcertantes se resolverán de un modo que ni siquiera se imagina. Confíe en su tratamiento. Confíe, pues otros muchos como usted se han curado con él. Si quiere que funcione con usted, convendrá que crea que puede hacerlo.

—Lo intentaré —dijo Duke poco convencido.

Volvió a mirar su prescripción.

—¡Eh! ¿Cómo supo antes de tiempo mi nombre y mi dirección?

—Se lo dije. Lo sabía todo acerca de usted desde mucho antes de conocernos —dijo Doc moviendo las alas—. Ahora,

Duke, le sugiero que se ponga en marcha. Un instante desperdiciado es un instante perdido para siempre.

—¿Que me ponga en marcha? ¿Quiere decir que me ponga en camino a ese sitio que dice que es mejor que una farmacia? Y, por favor, no me diga que es algo así como un monasterio con gente sentada a tu alrededor contemplándose el ombligo. Ya sabe, meditando y diciendo *Ommmmmm.* ¡Odio todas esas tonterías!

—Ya vuelve otra vez con sus ideas preconcebidas. En primer lugar, con los maestros; luego, con la naturaleza de la medicina; ahora, con cómo y dónde obtendrá la serenidad que necesita. Pronto comprenderá que hay muchos más caminos a la serenidad, además del de meditar en un monasterio, aunque esto le haya podido ser de lo más útil a algunas personas. Mentes cerradas, puertas cerradas. Recuerde eso, Duke.

—Bueno, sea cual sea ese sitio, espero que esté cerca. O sea, ¿no podría ir usted (o mejor, volar) hasta allí en mi lugar y traerme lo que yo vaya a necesitar?

—No se puede recibir la serenidad de nadie, ni se puede comprar, ni se puede conseguir exigiéndola, ni suplicándola. La serenidad es un estado del ser. Es algo que uno tiene que aprender cómo tener –dijo Doc con resolución.

—¿Aprender? ¡Oh, no! –gruñó Duke–. Yo creía que la gente conseguía la paz y la serenidad de forma automática cuando, simplemente, todo iba bien.

—Eso no siempre es así. E, incluso, cuando es así, no se trata de la serenidad duradera que uno conserva a través de los altibajos de la vida.

—¿Quiere decir que se puede tener serenidad incluso cuando uno está hundido, como yo, y su vida es un completo y enloquecedor desastre? –preguntó Duke.

—Eso es exactamente lo que quiero decir.

—¿Alguna de las personas a las que ha ayudado lo ha conseguido, es decir, lo ha aprendido por sí misma?

Doc afirmó con la cabeza.

—Sí. Todas. Yo prescribo serenidad de forma rutinaria. No solo le va a curar su mal-estar de corazón; también resolverá el resto de sus difíciles y desconcertantes problemas.

Y Doc prosiguió:

—Escuche con atención estas instrucciones. Tiene usted que recorrer el Sendero de la Serenidad y mantener una mentalidad abierta. El sendero atraviesa dos países. El primero es el País de la Serenidad. El segundo, el País del Coraje. Ambos tienen unas estrictas leyes, que tiene usted que aprender y con las cuales tiene que vivir. Entonces, la serenidad sustituirá la pesadumbre que tiene ahora en el corazón, permitiendo que se haga más y más ligero, hasta que se libere de ella.

—¡SÍ! –gritó Duke entusiasmado, lanzando su puño al viento–. ¡El corazón se me hará más y más ligero, hasta que me libere para siempre de esta pesadumbre!

—Sin embargo –prosiguió Doc–, si usted se sale del sendero o no finaliza su viaje, le volverá la pesadumbre al corazón. Un tratamiento parcial no es duradero. No hay curaciones rápidas para un corazón pesaroso.

A medida que Duke iba pensando en todo lo que tenía que hacer, su entusiasmo se fue desvaneciendo.

—Cuando usted me dijo que sabía de un lugar mejor que una farmacia para conseguir la serenidad que necesito, pensé que se trataría sólo de ir a algún lugar. Ahora me está diciendo que es todo un sendero el que tengo que recorrer, a través de dos países nada menos –dijo Duke fatigosamente—. ¿Hasta qué punto es difícil aprender esas leyes y vivir con ellas?

—Aprenderlas es fácil. Vivir con ellas, no. Pero existe un secreto para vivirlas, un secreto muy importante, que puede garantizarle el éxito.

El rostro de Duke se iluminó.

—¡Dígamelo, Doc, dígamelo! ¿Cuál es?

—Todo a su tiempo, Duke.

—¿Por qué no me lo puede decir ahora? Se me da bien el guardar secretos, y de verdad que necesito conocer éste.

—Es un secreto que lleva tiempo explicar, y no es éste el momento de hacerlo.

Duke suspiró.

—De acuerdo —dijo mirándose el tobillo hinchado y la ampolla de la mano; sentía tirantez en los hombros, y le dolía todo—. La verdad es que no importa. No puedo ir a ninguna parte. Míreme. Ni siquiera me puedo ir a casa.

—Creía que había dicho que estaba dispuesto a hacer cualquier cosa para liberarse de la pesadumbre de su corazón.

—¡Y lo estoy! —respondió Duke molesto— ¿Acaso no me puse compresas de hielo en el pecho e hice dieta hasta que me debilité? ¿O qué?

—Sí, sí. Ya sé todo lo que ha intentado usted. Fue innovador, pero no fue eficaz. La pregunta es: ¿está usted dispuesto a intentar algo diferente que es seguro que funciona, si usted se esfuerza en ello?

—Supongo que no tengo elección —dijo Duke.

—Uno siempre tiene elecciones. Usted tiene dos ahora. Puede optar por seguir haciendo lo que ha estado haciendo, en cuyo caso seguirá obteniendo lo que ha estado obteniendo y sintiendo lo que ha estado sintiendo; o puede optar por hacer algo diferente que cure su pesadumbre de corazón y resuelva también el resto de sus problemas. La decisión es completamente suya.

—De acuerdo, de acuerdo. Iré. Partiría ya pero, como puede ver, no puedo hacerlo. No con el tobillo hinchado y la mano hecha una ampolla, por no mencionar mi trasero.

—Si se le curaran, ¿iría?

—Sí, pero seguiría estando débil y dolorido.

—Si estuviera más fuerte y menos dolorido, ¿iría entonces?

—Sí, pero primero tendría que encontrar a Prince, a mis caballos, mi carro y mis herramientas de héroe para llevarlos conmigo. No voy a ninguna parte sin ellos. Con todo lo que usted sabe de mí, debería saber eso.

Doc miró a Duke con una mirada de reprobación.

—Me parece que, además de todos sus otros logros en la vida, es usted un consumado *sí pero-tero*.

—¿Qué es eso?

—Es el que dice, «Sí, yo haría esto... *pero*. Sí, yo haría aquello... *pero*». ¡Excusas, excusas! ¿Dónde está su espíritu de caballero número uno? Jamás habría conseguido ser el número uno si no hubiera encontrado vías para sortear los *peros*.

—¡Sí, pero eso no eran excusas! –dijo Duke, cada vez más exasperado– Son razones, razones verdaderas.

Entonces, se acordó de los *peros*.

—Lo siento, pero no pude evitar decir *pero* esta vez. ¡Oh, no! ¡Otra vez!

—Cuando alguien tiene un motivo verdadero que le resulta difícil superar, siempre puede pedir ayuda –explicó

Doc—, del mismo modo que hizo cuando me llamó a mí. Para algunos, pedir ayuda precisa de práctica.

Duke se estaba cansando de tanta cháchara arriba y abajo. No quería decir más *peros,* y no sabía cómo pasar por encima de ellos. Después de pensárselo unos instantes, dijo:

—Ya lo tengo. Usted quiere que yo pida ayuda para superar mis motivos. De acuerdo, la estoy pidiendo. ¿Me puede ayudar, Doc?

—Pensé que nunca la iba a pedir —respondió divertido Doc, mientras abría el bolsillo trasero de la bolsa y sacaba un ungüento para-todo y una botella de tónico energético—. Tome, Duke. Póngase este ungüento en el tobillo y en la mano; y en el trasero, si no es demasiado vergonzoso; y tómese dos tapones de este tónico. Con esto, resolverá sus tres primeros *peros.*

Mientras Duke se frotaba el ungüento y se tomaba el tónico, Doc le dijo que resolver el cuarto *pero* no sería problema.

—No tiene usted por qué encontrar a Prince, ni a sus caballos, ni el carro dragón antes de partir, porque no los va a llevar consigo de todos modos. Y aunque tuviera que combatir con un dragón, aunque fuera el abuelo de todos los dragones, sus viejas herramientas de héroe no le iban a servir.

Duke sintió pánico.

—¡No diga nada de dragones! ¡Ya sabe lo que ocurrió la última vez! Y convendría que ese abuelo de los dragones fuera de verdad viejo. Aún así, no creo que pudiera hacerlo. ¿No podría utilizar usted algún truco para matarlo por mí?

—Estoy hablando de un tipo diferente de dragón, un tipo diferente de valentía y un tipo diferente de lucha. Su batalla en el Sendero de la Serenidad no será una batalla de espadas. Será una batalla de palabras.

—¿Cómo demonios se puede matar a un dragón con palabras? ¡Esto se parece cada vez más a un suicidio!

Duke estaba demasiado afectado para pensar con claridad. ¡Cuánto echaba de menos el poder pasearse y hacer crujir los nudillos!

—¡Inténtelo! –dijo Doc.

El caballero se detuvo.

—¿Intentar qué?

—Pasearse y hacer crujir los nudillos, evidentemente –respondió Doc con picardía.

Duke abrió los ojos de par en par.

—¿Cómo ha sabido lo que estaba pensando? Oh, bueno... no importa –dijo, recordándose que tenía que recordar que no debía subestimar a Doc.

—¿De verdad espera que pueda darme paseos así? –dijo Duke con sarcasmo, señalándose el tobillo.

¡Pero, para su asombro, la hinchazón había desaparecido!

Rápidamente, se miró la mano abrasada. La ampolla que le cubría la mano había desaparecido también. Y ni el tobillo, ni la mano, ni el trasero le dolían ya; y tampoco se sentía exhausto.

«Si mi corazón pudiera mejorar tan fácilmente», pensó.

—Ahora, le voy a dar algo que le va a resultar muy útil en su viaje –anunció Doc.

El búho se remontó volando hasta las ramas del árbol y, un momento más tarde, bajó con una cartera que llevaba las iniciales de Duke y su escudo de familia.

—Aquí están sus nuevas herramientas de héroe –dijo Doc entregándole la cartera—. Yo no puedo matar a su dragón en su lugar, pero le puedo dar las herramientas para que lo mate usted mismo.

—¡Unas herramientas de héroe! –gritó Duke–. ¡Qué alivio! No me resultaba demasiado atractivo el confiar en las palabras para matar a ese dragón.

El caballero levantó la cartera para admirarla.

—¡Mira! ¡Mis iniciales y mi escudo heráldico! Ha pensado usted en todo, Doc. Incluso tiene el mismo color que la funda en la que llevo… en la que solía llevar mi espada. No creo que me haya hecho usted una espada nueva, ¿no?

—Una misión diferente, con un dragón diferente, requiere unas herramientas diferentes –respondió Doc–. La misión que va a emprender para liberarse de la pesadumbre de corazón es completamente distinta a cualquiera que haya llevado a cabo en el pasado. Y el dragón con el que se va a enfrentar no se parece en nada a cualquier dragón con el que haya combatido. Es de una especie antigua y testaruda, bien conocida por amenazar la paz mental y la felicidad de la gente, de manera que todo el mundo tiene que ser un poco caballero.

Duke estaba tan distraído, que casi no se enteró de lo que estaba diciendo el búho.

—Es estupendo. ¡No puedo esperar a ver lo que hay aquí! ¿Puedo echar un vistazo? –preguntó abriendo la cartera.

—Sí –respondió Doc–, aunque quizás no valore lo que tiene hasta que esté a punto de usarlo.

—No bromee –dijo Duke, revolviendo el contenido de la cartera y con un tono de decepción en la voz–. Una cantimplora vacía… gafas… cinta métrica… manoplas… Son todo cosas corrientes.

—No son herramientas de héroe corrientes. Tienen cualidades especiales, casi mágicas, que le ayudarán cuando tenga necesidad de ellas. No hay nada más que hablar sobre eso por ahora. Mmm… cualidades mágicas. ¡Ah! Eso me recuerda una canción —exclamó Doc, batiendo las alas divertido—. Evidentemente, son muchas las cosas que me recuerdan alguna canción.

Y, entonces, echó mano de su bolsa negra y sacó un banjo en miniatura y un sombrero de paja, que se puso con garbo en la cabeza. Y luego, se puso a tocar y a cantar:

Es algo que llena de magia tu existencia,
por difíciles que sean tus vivencias,
aunque pesen como penitencias,
es la SERENIDAD, SERENIDAD.

Un corazón adolorido, una vida enloquecida,
no pueden competir con su poder,
es la SERENIDAD, SERENIDAD.

Cuando la senda de la vida se hace dura de llevar,
y lo único que puedes hacer es sentarte y llorar,
¿cuál es la magia que muchos van a buscar?
Es la SERENIDAD, SERENIDAD.

De pronto, la lluvia paró, y Duke pudo escuchar el canto de otra voz. Poco después, un azulejo se posó junto a Doc, cantando con él en perfecta armonía.

Duke puso los ojos en blanco. *¡Nadie se va a creer esto!,* pensó.

Cuando terminó la canción, Duke preguntó:

—¿Cómo se sabe ese pájaro la letra de su canción, Doc?

—En realidad, *ese* es *esa*. Es un placer para mí presentarle a Maxine, mi famosa protegida.

—¿Y por qué es famosa? –preguntó Duke–. ¿Por sus armonías?

—Sí, en cierto modo. Ella es la Azulejo de la Felicidad. Tiene un gran talento para crear armonías de todo tipo. Su mayor don, no obstante, es generar felicidad.

—¿Quiere decir que ella es *el* Azulejo de la Felicidad? No pensé que fuera real.

—Por algún motivo, mucha gente piensa eso –dijo Maxine, bajando recatadamente la cabeza–. Aún así, me *he* granjeado una buena reputación, gracias a la excelente tutela de Doc. Haré todo lo que pueda para ayudarle en su viaje.

Duke miró a Doc con preocupación.

—¿Es que *ella* va a venir conmigo? Pensé que vendría *usted*. Con todos mis respetos por Maxine aquí presente, no necesito que ella me muestre cómo ser feliz. Yo *sé* cómo ser feliz. Yo antes era feliz.

—Usted era feliz cuando todo era como usted quería que fuera —le corrigió Doc.

—Y soy un desdichado ahora porque nada es como yo quiero que sea. Ni siquiera me puedo imaginar ser feliz de nuevo… a menos que todo lo que va mal empiece a ir bien.

Maxine se adelantó.

—La felicidad no depende enteramente de lo que sucede en su vida.

—¡Oh, no! –gruñó Duke–. No me diga que ella es una de esas de «levanta la barbilla, sonríe y sé feliz». Mire, señorita Azulejo de la Felicidad, es un honor para mí el haberla conocido, y usted debe ser muy buena con todo eso de la felicidad, sé que es famosa por ello; pero lo último que necesito en este momento es tener a alguien piando a mi alrededor, intentando animarme a todas horas.

—No se preocupe, Duke –dijo Doc, metiendo de nuevo el banjo y el sombrero dentro de la bolsa–. Está en muy buenas manos; o, para ser más precisos, en muy buenas alas, con Maxine. Ella ha acompañado a mucha gente en este viaje. Ella sabe cómo aligerar los corazones pesarosos. Recuerde lo que le he dicho de mantener una mentalidad abierta.

—Bueno… de acuerdo, pero ¿adónde va usted? ¿Y si le necesito?

—Como médico en cuestiones del corazón, mi tiempo está muy limitado. Hay otras personas que diagnosticar y proponer un plan de tratamiento, y tengo muchos casos en diversos niveles de recuperación. Sigo muy de cerca cada caso, al igual que haré con el suyo. De vez en cuando revisaré su caso, y cada vez que me llame vendré tan pronto como pueda.

Después, tomó su bolsa negra y echó a volar antes de que Duke pudiera decir nada más.

Maxine se acercó a Duke dando saltitos.

—¿Está preparado para partir? Puede quitarse esa ropa húmeda y dejarla aquí. No la va a necesitar.

—¿Está segura? –preguntó Duke, reacio a dejar atrás su traje de caballero.

—Estoy segura –respondió Maxine convencida.

Duke se encogió de hombros. Se sacó la otra bota, se quitó el traje, arregló la ropa, se volvió a sentar y se puso las botas de nuevo.

—Estoy listo –dijo resuelto–. Haría cualquier cosa para liberarme de la pesadumbre de corazón. Incluso hacer este viaje… aunque sea al vuelo.

Capítulo Cinco

El Sendero
de la Serenidad

A Duke le costaba caminar. Tenía el corazón tan pesado como siempre. Se colgó del hombro la cartera en la que llevaba sus nuevas herramientas de héroe y salió de debajo del árbol con paso cansino para recibir los rayos del sol, que asomaba entre las nubes plateadas. La lluvia paró justo a tiempo, pensó.

—Bien, ¿dónde está ese Sendero de la Serenidad? –preguntó volviéndose a Maxine.

Maxine sonrió como sólo un azulejo puede hacerlo. –Ya está en él.

—¿Quiere decir que el sendero comienza aquí mismo? –preguntó Duke–. No lo veo.

Pero, de pronto, lo vio justo delante. Duke se quedó sorprendido.

—¿De dónde… de dónde ha salido?

—Los senderos nuevos se abren cuando uno está dispuesto a recorrerlos –le explicó Maxine.

—No esperaba que tuviera este aspecto –dijo Duke, decepcionado, cuando contempló el terreno, escabroso y accidentado–. El Sendero de la Serenidad debería tener flores y mariposas, no rocas y agujeros.

—Es como es. Le sería de gran ayuda si se ejercitara en aceptar, más que en esperar.

—¿Cómo voy a aceptar lo que no es como debería ser?

—Reconociendo que las cosas son como son, y que seguirán siendo como son por mucho que usted insista en que deberían ser de otra manera.

—Pero este sendero sube y baja, y está lleno de arbustos y piedras que lo hacen difícil de recorrer. Me puedo volver a lesionar el tobillo, o puedo tropezar y caerme.

—El Sendero de la Serenidad es así.

Disgustado aún, Duke echó un vistazo alrededor para ver qué otros obstáculos podría tener que enfrentar.

—¡Mire! –dijo, señalando un montón de huellas de pisadas en la tierra–. Por este sendero debe haber viajado mucha gente; pero, ¿por qué hay huellas que vienen de vuelta, hacia nosotros?

—Porque algunas personas no hicieron lo suficiente para conseguir la serenidad que buscaban –respondió Maxine.

—¿Quiere usted decir que abandonaron y se volvieron?

—Sí, con los mismos problemas y más dolor del que tenían cuando partieron.

—Ya le dije que el sendero es demasiado difícil –dijo él pagado de sí mismo.

—Hacer lo que parece fácil al principio es más difícil a la larga.

Maxine se elevó y dijo:

—Venga, Duke. Vamos.

Se introdujeron por el sendero. Duke se esforzaba por dar un paso detrás de otro, con cuidado, para que la pesadumbre de corazón no le derribara. Maxine alternaba los vuelos con los saltitos por el suelo, para no alejarse demasiado.

No pasó mucho tiempo antes de que los arbustos se hicieran tan densos que Duke tenía que apartarlos para poder pasar.

—¿Por qué no hay alguien que limpie este sendero? –se quejó–. No puedo ver por dónde voy.

—Lo sé. Ése es el motivo por el que usted está aquí –dijo Maxine desde arriba.

Para evitar respuestas de ese tipo, Duke decidió que a partir de entonces haría sólo preguntas sencillas, como: «¿cuánto más tendremos que recorrer para llegar al País de la Serenidad?». Pero Maxine no dejaba de decir: «A su debido tiempo», lo cual tampoco era de gran ayuda.

A medida que avanzaba, escuchando el susurro del viento entre los arbustos, a Duke se le llenó la cabeza de pensamientos; pensamientos de liberarse de la pesadumbre de corazón, de volver a ser fuerte y poderoso, de seguir siendo el caballero número uno, y de resolver los problemas con Allie, Johnny y Cindy. Estaba decidido y esperanzado.

Más tarde, sus pensamientos volvieron a aquellas extrañas tierras y a sus extrañas leyes, a los dragones que no podían ser muertos por la espada, al sendero que estaba recorriendo y que podía estar plagado de peligros desconocidos… No sabía dónde ni cuándo terminaría el viaje, ni tampoco cómo. Incluso, podría no terminarlo siquiera.

Conforme le asaltaban las dudas, empezó a pensar en cuánta gente se habría dado por vencida en el Sendero de la Serenidad. Y cuanto más pensaba en ello, más inseguro se sentía de sí mismo.

Al final, se detuvo y miró a Maxine, que iba ahora dando saltos junto a él.

—¿Te importa si te llamo Max? –le preguntó–. Hacer este viaje con una tal Maxine no me hace sentirme seguro de que no termine dando marcha atrás sobre mis propios pasos.

—Esa actitud debe hacerte muy popular entre las damas –dijo Maxine dándolo por hecho.

Duke no quería pensar en su popularidad con las damas, especialmente con Allie y Cindy. Era demasiado exasperante. «Ellas no deberían haberme tratado como lo hicieron. Fue injusto. Inexcusable. Fue…»

La voz de Maxine interrumpió el discurso de su pensamiento.

—Si eso hace que te sientas mejor, llámame Max. Mucha gente busca fuerzas en los demás durante algún tiempo, cuando las suyas escasean.

Ciertamente, sus fuerzas andaban escasas, pero depender de una hembra le ponía nervioso. Hasta aquel momento, el historial que ellas habían dejado en su vida no era demasiado bueno. Las mujeres eran impredecibles, y se molestaban con él sin que hiciera nada malo. «Si las mujeres pudieran ser un poco más como los hombres…», pensó, preguntándose dónde habría oído aquello antes. Le hubiera gustado que Prince estuviera con él. Él le hubiera entendido. ¡Oh, cuánto daría por escuchar sus tranquilizadores ladridos!

Al cabo, Duke se dio cuenta de que, bueno, tendría que confiar en alguien, y Maxine era la única que estaba allí. En cualquier caso, ella lo sabía todo acerca del Sendero de la Serenidad; y ella era, después de todo, una experta en felicidad, y había orientado a muchísima gente que tenía pesadumbre de corazón… y, además, el Sabio se la había recomendado encarecidamente. De acuerdo, decidió, la llamaría Max, intentaría no pensar en ella como hembra, y esperaría lo mejor.

Poco después, el sendero se hizo empinado. La tendencia de Duke de irse hacia delante trabajó a su favor por un tiempo, pero el peso de sobra le hacía andar con dificultad, y tenía que sostener la cartera para que no se le deslizara del hombro. Hacía tiempo que no caminaba por un sendero, y ya empezaba a estar cansado.

—Recuérdame por qué estoy haciendo esto –refunfuñó.

—Tú sabes por qué. Porque este sendero lleva hacia la serenidad. No quieres arrastrar para siempre un corazón pesaroso.

Y, justo en ese momento, se levantó una ráfaga de viento que trajo el sonido de una campana en la distancia.

—¿Por quién dobla esa campana? –comentó Duke, sobreponiendo su ingenio a su mal humor.

—Dobla por ti –respondió Maxine sin vacilar.

—¿Por mí? ¿Por qué?

—Ya lo verás.

—¿Por qué tendré la sensación de que no me va a gustar verlo? –gruñó Duke.

Poco después, llegaron a una pequeña construcción de ladrillos rojos rodeada de hierba, árboles y rodales de flores silvestres. También había una torre, en la que colgaba una antigua campana plateada. Una espesa hiedra, que había trepado por el muro frontal, daba sombra a un porche elevado, que se recluía tras la celosía de la entrada.

—¿Dónde estamos? –preguntó Duke.

—¿Ves el cartel sobre la puerta de entrada? –dijo Maxine, señalando con un ala–. Es la Escuela Hogar de la Nueva Visión.

—¡Qué sitio más raro para una escuela! Está en medio del sendero. Vamos –dijo Duke impaciente–, sorteémosla.

—No podemos sortearla. Doc dijo que no te podías salir del sendero, ¿recuerdas?

—Pero es que está *bloqueando* el sendero –insistió Duke.

—No está *bloqueando* el sendero. Es *parte* del sendero.

Duke no estaba dispuesto a perder el tiempo.

—Ya fui a la escuela. Fui un excelente estudiante. Me aprendí todos mis ABC. ¡Esto –dijo enfadado, golpeando con un dedo en la estructura– no debería estar aquí! ¿Cómo demonios vamos a atravesar dos países, si nos demoran cosas como ésta? ¡Es exasperante!

Maxine se elevó y se posó sobre una rama de un árbol cercano.

—No conoces los ABC que se enseñan en *esta* escuela, o de lo contrario no estarías metido en el embrollo en el que estás metido —dijo Maxine con las alas en jarras.

—Primero, Doc y ahora, tú –gimió Duke–. Los dos pensáis que soy yo el causante de mi propia pesadumbre de corazón, ¿no?

—No es culpa tuya que no pudieras evitarla o que no pudieras liberarte de ella. Sin saber los ABC que se enseñan aquí, las emociones de las personas son como plumas incorregibles, que la más leve brisa mueve de aquí para allá. Muchas de ellas terminan con el corazón roto, dolorido o pesaroso, y con otros muchos problemas.

A Duke no le convencía aquello.

—Míralo de otro modo –dijo Maxine riéndose entre picos–. Vas a estudiar en la Liga de la Hiedra.[3] ¿Lo has pillado? ¿Ves lo de la hiedra?

---

3. *Ivy League*, «Liga de la Hiedra», es el nombre que, como grupo, reciben las ocho universidades más prestigiosas del este de los Estados Unidos. *(N. del T.)*

—No tiene ninguna gracia, Max. ¡Esto me está volviendo loco! —gruñó Duke, asiendo el pasamanos de hierro e impulsándose hacia arriba por los escalones de la puerta delantera.

Una vez dentro, Duke inspeccionó la sala. Parecía un aula. Las paredes eran de cristal, con lo cual parecía que la hierba, los árboles y las flores silvestres formaran parte de la sala. Había un único pupitre de madera frente a una gran pizarra con un taburete alto delante. En el rincón más apartado había, aunque parezca mentira, una mecedora y un cubo.

A través de los cristales, Duke pudo ver a un hombre de aspecto nervudo que llevaba una camisa a cuadros en tonos borgoña. Estaba arrodillado, quitando malas hierbas.

—Me gustaría descansar un minuto, mientras tenga ocasión —dijo Duke.

Se encaminó hacia el pupitre de madera y se dejó caer en él, poniendo la cartera en el suelo, a su lado. Maxine voló hasta el taburete.

—¿Por qué son de cristal? —dijo Duke señalando a las paredes.

—Para que los alumnos puedan tener una visión clara de lo que ocurre a su alrededor —dijo la azulejo moviendo la cola—. ¿Lo has pillado? Una visión clara. Verás que es de lo más adecuado para una escuela como ésta.

—Doc y tú hacéis una buena pareja, con esos comentarios que se supone que son divertidos.

—Cuando la gente está molesta, les resulta difícil alegrarse con pequeñeces.

—Hablando de alegrarse, me gustaría continuar.

Y, como si de una señal se tratara, la puerta se abrió y se oyó un silbido en la sala. El hombre nervudo había entrado, con los faldones de la camisa por fuera y las rodilleras de sus tejanos manchadas de hierba.

—Hola, ¿qué tal? –dijo con entusiasmo–. Soy Willie Borgoña.

Le tendió la mano a Duke, pero la retiró de inmediato cuando se dio cuenta de que la tenía sucia de tierra.

—Lo siento, pero no estaba seguro de que aparecieran y me entretuve un poco. ¿Han visto el letrero sobre la puerta de entrada? Está tallado a mano. Lo hice yo.

Luego, se volvió a la azulejo, que estaba observando las reacciones de Duke.

—¿Cómo va eso, Maxine?

Duke esperaba que lo que pensaba que era cierto, no fuera cierto.

—¿Podría excusarnos un minuto? –le dijo a Willie.

Willie se encogió de hombros y se fue hasta la mecedora. Se sentó y, sacando un pequeño trozo de madera y una navaja del bolsillo delantero, se puso a silbar, mientras abría la navaja y tallaba la madera sobre el cubo.

—Ven aquí, Max –dijo Duke con urgencia–. ¡Tenemos que hablar!

Maxine voló hasta el pupitre, con cuidado de no aterrizar sobre la pluma que sobresalía del tintero. Duke se inclinó hacia ella y susurró:

—Dime que no es ése el profesor, Max, *por favor*.

Maxine respondió también entre susurros:

—Es un magnífico profesor. Tienes suerte de que te haya tocado él.

—Pero si es un destripaterrones. Y, además, silba y talla maderitas –bisbiseó Duke, esforzándose por hablar bajito–. Míralo. Se supone que los profesores no son así. Deben tener un aspecto digno y académico. Esto es peor que perder el tiempo. ¡Es terrible… y, francamente, insultante!

—Comprendo que estés disgustado, Duke –dijo Maxine comprensivamente–, pero Doc te advirtió de que tus ideas preconcebidas te pueden meter en…

Duke gimió por lo bajo.

—No me puedo creer que esto me esté sucediendo a mí. Doc debería habérmelo dicho. No es justo que se me suelte todo esto en el último momento. Tengo ya mucho que hacer en este viaje, y no sé cuánto tiempo más podré arrastrar en pie el peso de mi corazón.

Willie se levantó de la mecedora y se dirigió hacia Duke, cerrando la navaja y guardándola junto con el trozo de madera en el bolsillo.

—Perdóneme. No he podido evitar percatarme de lo fuera de quicio que está usted…

Duke no quiso escuchar una palabra. Se puso en pie y empezó a pasearse y a hacerse crujir los nudillos, con la mente desbocada con pensamientos sobre lo terrible y lo injusto que era todo aquello, que no debería ser así y que no iba a poder soportarlo.

Maxine y Willie intentaron calmarlo, pero él les dijo que le dejaran en paz, que ya habían hecho suficiente.

De repente, Duke se agarró el pecho con las manos.

—¡El corazón! ¡Se está haciendo más pesado! ¡Haz algo, Max!

Willie dijo tranquilamente:

—Yo le puedo decir por qué el corazón se le está haciendo más pesado.

—Ya lo sé –dijo Duke de malas maneras, hundiéndose de nuevo en la silla–. Es porque esta escuela me ha enfadado tanto, que el corazón se me está cargando con más malos sentimientos de los que ya tenía. Usted también me está disgustando. Es decir, usted exactamente no ha hecho nada. Bueno, es difícil de explicar. De todas formas, Doc dijo que yo tendría que cruzar dos países para encontrar la serenidad que necesitaba. Ése es mi tratamiento. Ése es el motivo por el cual no me puedo permitir el lujo de estar aquí plantado, aprendiendo unos estúpidos ABC de los que nunca he oído hablar. ¿No lo entiende? Tengo que liberarme de esta pesadumbre. Ya no la puedo soportar.

Pero Willie se mantuvo firme.

—Sí, lo entiendo. Pero sacándose usted mismo de quicio lo único que hace es alejarse de lo que quiere conseguir. Todo esto forma parte de su tratamiento. Vamos a respirar juntos, lenta y profundamente. Inspire, uno… dos…

Duke estaba furioso. El supuesto profesor le había acusado de sacarse de quicio *él mismo,* cuando era el profesor el que le había sacado de quicio; o sea, él, su escuela y sus ABC. Y Duke no quería que aquel paleto le dijera cómo respirar, ni ninguna otra cosa. Él quería a Doc.

—¡Doc! ¡Doc! ¡Ayúdeme! –gritó– Le necesito. ¡Venga rápido! ¡Dese prisa, Doc! ¡Es una emergencia!

Y, de repente, la música de un banjo llenó la sala. Asustado, Duke se volvió en redondo. Allí estaba Doc, con su sombrero de paja, rasgando su banjo, con la bolsa negra junto a él.

—Ah, Duke. Me ha llamado usted antes de que tuviera lista mi nueva canción. Suelo reescribir las letras, porque me encanta jugar con los sonidos de las palabras. Sé que me transporto, rimando aquí y allí. Pero es tan divertido… Bueno, ahí va.

Willie es bien conocido aquí y allí
como profesor, lo mejor de la nación.
Le elegí a él antes que a otros, y lo convoqué aquí,
para ayudarle a usted en su intrépida exploración.

—Todos los versos riman. ¡Me encanta! –dijo Doc sin dejar de rasgar el banjo–. Evidentemente, la poesía se podría haber trabajado más. Pero, bueno, al menos, habrá pillado la idea.

Y se puso a cantar de nuevo:

Tiene un montón de títulos, su currículo no se puede mejorar,
y sus conocimientos están a tu disposición.
Si usted decide no aprender, no hará más que empeorar,
estará cometiendo una grave equivocación.

—Mmm, está mejor –dijo Doc–. Todavía hay que refinarla.

Duke se estrujó el rostro con las manos. *Sí, claro, hay que refinarla,* pensó. Sin embargo, Maxine y Willie habían disfrutado enormemente de la interpretación. Doc cantó:

Se me acabaron las palabras; esta canción es para pájaros...

Después, se detuvo.

—No pretendía ofender, Maxine –dijo de repente, metiendo el banjo y el sombrero en la bolsa–. De todas formas, eso es todo. Parece que esta canción aún no está lista para ser cantada.

—¿Tan bueno es? –preguntó Duke, mirando tímidamente a su profesor.

—¡Mejor! –respondió Doc–. Durante años, Willie llevó el famoso Campamento de Viajeros Perdidos, del que quizás haya oído usted hablar.

—Sí, sí. Lo siento, Willie. No tenía ni idea. Sólo era que usted parecía, bueno, su ropa... y eso de silbar y de tallar maderitas... Yo pensaba que un profesor... bueno, se supone que ha de ser... bien, usted sabe, diferente.

Duke miró a Doc y, luego, volvió a mirar a Willie.

—Así pues, tengo un montón de ideas preconcebidas. Es una especie de hábito.

—No pasa nada —dijo Willie—. La mayoría de las personas que vienen por aquí tienen algunos hábitos que harían bien en cambiar.

Contento de ver que la clase preparatoria de Duke estuviera progresando adecuadamente, Doc explicó:

—Es en la escuela donde aprenderá el secreto del que le hablé.

—¿El secreto? ¿El secreto de vivir según las leyes de los países? ¿Por qué no me lo dijeron antes? Habría estado encantado de estar aquí, en vez de molesto por el retraso en mi viaje.

Doc afirmó con la cabeza.

—Buena observación. Está empezando a reconocer que está usted aquí para aprender.

Y, como si alguien le hubiera dado a un interruptor dentro de él, Duke sintió que el enfado y la frustración le soltaban y se iban.

—Yo no sé de lo que están hablando, pero sí que sé que mi corazón ya no está tan pesado. Yo no lo hice. ¿Cómo lo han hecho?

Maxine extendió un ala e hizo un gesto, diciendo con su voz más teatral:

—Todo tuyo, Willie.

Luego, se volvió a Duke.

—Nos encontraremos al otro lado de la escuela hogar, cuando hayas terminado aquí.

—Yo también me voy –anunció Doc–. Willie y usted tienen mucho que hacer hoy. Oh, vaya, no pretendía hacer una rima. En cuanto me pongo a hacer rimas, ya no hay quien me pare.

Luego, levantó las alas y dijo:

—Ahora, recuerde, Duke: del mismo modo que una mente cerrada se cierra puertas, una mente abierta abre puertas, incluida la que hay al fondo de esta sala, que le permitirá continuar por el Sendero de la Serenidad.

Y con sendos aleteos, las dos aves despegaron. «Ni siquiera he tenido tiempo de decirles adiós –pensó Duke–. Se han ido en un abrir y cerrar de ojos, los dos». Y de repente se dio cuenta de que estaba pensando en rimas también.

—¡Oh, no! ¡Ahora esto! –gruñó.

Capítulo Seis

Lecciones
para el Corazón

—De acuerdo. Siéntese y comencemos –le dijo Willie a Duke, indicándole el pupitre con la mano.

Él, por su parte, se acercó el taburete y se sentó en el borde.

—Dígame –comenzó, inclinándose hacia delante y apoyando las manos en las rodillas–, cuando vio la escuela hogar y oyó hablar de los ABC, ¿cómo se sintió?

Duke se echó atrás en la silla.

—Me enfurecí y me impacienté, me sentía verdaderamente frustrado e irritado –respondió.

—Me di cuenta de que no estaba entusiasmado siquiera con la idea de que yo fuera su profesor.

—Bueno, hmmm…

—No se preocupe por no herir mis sentimientos. Todo lo que suceda aquí tiene algo que enseñarle.

Duke vaciló y, luego, dijo:

—Me enfadé aún más, y me sentía aún más frustrado. Me parecía un insulto que una persona con su aspecto y con su manera de comportarse, y perdone que le hable así, fuera a enseñarle nada a un famoso caballero como yo.

—A mí no me sorprende. ¿Y qué pasó justo después de que el corazón empezara a pesarle más? ¿Cómo se sintió entonces?

—Veamos… me puse a dar vueltas y a crujirme los nudillos.

—Eso es lo que usted *hizo*. Yo le pregunto cómo se *sintió*.

—Oh, hmm… yo estaba furioso, y tan frustrado que pensé que iba a reventar.

—¿Y se siente así todavía?

—No, ya no. Me siento mejor. De hecho, me siento mejor con todo esto, y estoy impaciente por averiguar el secreto.

—¿Qué es lo que cambió sus sentimientos?

—Fue Doc. Él cambió mi manera de verlo todo: la escuela hogar, los ABC, y también a usted. Cuando dijo que iba a averiguar el secreto aquí, que no sólo iba a aprender unos estúpidos ABC, y que le había elegido a usted en especial para que me lo contara porque usted era el mejor profesor, bueno… me calmó de inmediato, y me hizo sentirme mejor.

—Entonces, cosas como la escuela hogar y los ABC, y gente como yo o, incluso, los búhos como Doc, ¿le hacen pensar lo que piensa y sentir lo que siente?

—¡Claro! Ése es el motivo por el cual tengo pesadumbre de corazón y soy incapaz de hacer nada con ello.

Willie, afirmando con la cabeza, se sujetó la barbilla con la mano.

—Entonces, quiere decir que Doc cambió su manera de pensar en todo esto pero, ¿fue él? ¿O fue *usted* el que cambió su *propia* manera de pensar a causa de lo que él le dijo?

—Eso son nimiedades. ¿Por qué tenemos que hablar de esto? —preguntó Duke con un punto de exasperación.

—Porque usted quiere liberarse de la pesadumbre de corazón —respondió Willie.

Duke se encogió de hombros.

—Bueno, nunca lo había visto de esa manera, pero supongo que fui yo el que cambié mi manera de pensar.

—Y cuando usted cambió su manera de pensar y asumió una forma nueva de ver las cosas, ¿qué más cambió?

Duke lo pensó por unos instantes.

—Dejé de estar tan enfadado, y el corazón dejó de pesar tanto.

—¿Acaso cambió la escuela hogar o los ABC o, incluso, yo?

Duke frunció el entrecejo.

—Bueno... no —dijo desconcertado—. Ahora que lo menciona, no cambió nada de todo lo que me molestaba.

—Ésta es su primera lección —dijo Willie levantándose, yendo hacia la pizarra y escribiendo en ella:

LECCIÓN 1

A las personas no les molestan las cosas,
sino los puntos de vista que tienen
acerca de ellas.

Y, luego, tomó un puntero de madera de la bandeja de tiza y, golpeando en la pizarra, dijo:

—Ésta es una de las verdades más importantes que aprenderá nunca. Es una conocida cita de Epícteto, un filósofo que vivió en el siglo I d.C. Él decía que es tu propia opinión o lo que piensas de algo, y no ese algo en sí mismo, lo que te altera. En cuanto comprendes esto, todo lo demás se pone en su sitio.

Los pensamientos se amontonaban en la cabeza de Duke. Lo que Willie y el tal Epícteto decían tenía sentido. Los sentimientos de Duke *habían* cambiado cuando él había cambiado su manera de ver las cosas y había adoptado un punto de vista diferente acerca de la escuela hogar, los ABC y Willie. Pero Willie haría bien en no esperar de él que cambiara su manera de pensar y adoptara un nuevo punto de vista acerca de Allie, de Johnny y de Cindy. Eso era inimaginable.

Duke miró ansiosamente a su profesor.

—No es tan difícil cambiar la manera de pensar respecto a cosas que sólo *parecen* malas. Pero es diferente con los que fueron mi mujer y mi hijo, o con la que fue mi amiga. Lo que hicieron estuvo mal. No, peor que mal. Y ése es el motivo por el cual me disgusté tanto y terminé con esta pesadumbre de corazón, ¿no?

—Puede que parezca así. Le dieron a usted muchas razones para disgustarse, pero lo que en realidad le hizo sacarse a usted mismo de quicio fueron los pensamientos que tuvo usted acerca de lo que habían hecho.

—¡Pero si yo pensaba lo que pensaba fue por culpa de ellos! –protestó Duke.

—Sí, ellos desencadenaron los pensamientos, pero no le obligaron a pensar en ellos. Usted tiene cierto grado de elección. Cada día, usted elige qué pensamientos tener, tanto si se da cuenta de ello como si no. Usted podía haber optado por un punto de vista diferente, menos perturbador, y podría haberse dicho cosas menos perturbadoras, aunque lo que sucediera pudiera parecer verdaderamente malo. Usted no se habría sentido feliz, pero no se habría sentido tan desdichado como se llegó a sentir.

Confundido, Duke sacudió la cabeza.

—No sé. Hay algo en todo esto que suena a cierto.

—Apoye la espalda y relájese un minuto, Duke. Le voy a contar una historia —dijo Willie, dejando el puntero y volviendo al taburete.

—Había una vez tres eruditos que querían que sus hijos siguieran sus pasos —comenzó—, pero sus hijos querían ser guerreros.

»El primero de los padres decidió que la felicidad de su hijo era más importante que el que se convirtiera en otro erudito. A este hombre no le pesó el corazón. Trató a su hijo con respeto y aceptación, y sus relaciones florecieron.

»El segundo padre se sintió decepcionado, pero se dio cuenta de que su hijo tenía derecho a elegir el tipo de vida que quería. Este hombre obtuvo una pesadumbre de corazón del Tipo I, pero pronto lo superó. Las relaciones con el hijo sobrevivieron a la decepción, y también florecieron.

»El tercer padre pensó que aquello era impensable, que era lo peor del mundo que su hijo quisiera ser un guerrero en vez de un erudito. Este hombre se sintió desolado y desarrolló una pesadumbre de corazón del Tipo II. Trató a su hijo con ira y con resentimiento, y recibió a cambio ira y resentimiento».

Willie se inclinó hacia atrás y miró atentamente a Duke.

—Estos tres padres vieron la misma situación de un modo muy diferente, y pensaron de forma diferente acerca de ella. Pensamientos diferentes llevaron a sentimientos y acciones diferentes.

»Los dos primeros padres *preferían* que sus hijos fueran eruditos. Dejaron un margen para llegar a acuerdos, para dar alternativas, cuando los hijos decidieron que querían ser guerreros. Los padres seguían *queriendo* que las cosas fueran de determinada manera, pero se dieron cuenta de que no *tenían* por qué ser así.

»El tercer padre *exigía* de su hijo que fuera un erudito. Pensaba que las cosas *tenían* que ser de la forma que él *quería* que fueran. Y cuando no fueron así, pensó que era *tremendo* y *terrible*, y que *no iba a poder soportarlo*. Se sintió desolado, y desarrolló una pesadumbre de corazón del Tipo II. Las reacciones de los dos primeros padres fueron adecuadas y saludables. La reacción del tercero fue extrema y malsana».

Duke bajó la cabeza y se quedó en silencio, al darse cuenta de que él también había exigido a su hijo que se convirtiera en algo que no quería ser. También él había considerado aquello como algo tremendo y terrible, como algo que no iba a poder soportar. Y también se había sentido desolado y había desarrollado una pesadumbre de corazón del Tipo II.

Miró a Willie, vacilante.

—¿Quiere usted decir que mi reacción ante Johnny al no querer convertirse en caballero fue extrema y malsana, como el tercer padre, cuyo hijo no quería ser erudito?

—Bueno, ¿no le parece que fue así? Y reaccionó del mismo modo ante las situaciones que su esposa y su amiga le plantearon. ¿De qué otra manera ha podido ganarse esa pesadumbre de corazón y esa vida desquiciada?

Duke se revolvió incómodo en su asiento.

—Cuando sucede algo que no te gusta –prosiguió Willie–, es natural tener pensamientos de disgusto acerca de ello. Pero son estos *pensamientos,* no los *acontecimientos,* los que te causan el disgusto. Ésta es su primera lección, ¿recuerda?

—¿Quiere usted decir que son los pensamientos los que hacen que uno se disguste? ¿Tanto como yo me he disgustado?

—Efectivamente. Cuanto más perturbadores sean sus pensamientos, más perturbado se va a sentir, y mayor será la pesadumbre de corazón. Si usted *piensa* que, sea lo que sea que haya sucedido, eso es el fin del mundo, usted se *sentirá* como si fuera el fin del mundo. Esto es típico en personas con mal-estar de corazón Tipo II.

—Ése es el tipo de mal-estar que dijo Doc que tengo.

—No todos en su situación habrían desarrollado ese mal-estar, y no todos habrían terminado con una vida desquiciada. Usted no tenía por qué terminar así. Usted podía elegir, al igual que los padres del cuento.

—¿Elegir? –dijo Duke indignado–. A mí no me pareció que tuviera elección.

—Y, sin embargo, la tuvo. Usted pudo adoptar un punto de vista diferente ante lo que le sucedía, y podría haberse dicho cosas menos perturbadoras acerca de esas situaciones, con lo que se habría sentido menos perturbado.

Duke sacudió la cabeza incrédulo.

—Mire –intentó explicar Willie–, ¿cómo cree que hay personas que pasan por todo tipo de situaciones, incluso situaciones trágicas, mejor que otras personas? Ellas no pueden controlar lo que sucede, pero pueden controlar sus reacciones adoptando un punto de vista más saludable ante lo sucedido.

—No me lo puedo creer. ¡Estoy tan frustrado! La cabeza me dice que probablemente tiene usted razón, pero sigo acordándome de lo tremendamente mal que me sentí cuando Allie, Johnny y Cindy me lo trastocaron todo… y me lo siguen trastocando.

—Mire a su alrededor, Duke. Ni siquiera están aquí. ¿Cómo pueden trastocar su vida ahora? Ellos están ahora ocupados en algún lugar, viviendo sus vidas, y de esto ya hace tiempo. No le están haciendo nada a usted . Quizás no sepan lo que usted siente; quizás ni se preocupen por ello. Es usted el que se disgustó por ellos, y es usted el que sigue disgustándose a sí mismo, usted solito. Piense en ello.

—Pero, cada vez que pienso en ellos y en todo lo que ha sucedido…

—Exactamente lo que le estoy diciendo. Lo que usted piensa es lo que le remueve las emociones, y lo que mantiene la pesadumbre de corazón.

—Pero, ¿qué pasa entonces cuando no pienso en ellos? Me sigo sintiendo tremendamente mal, y el corazón me sigue pesando.

—Eso es porque parte de usted sigue pensando en ello, aún cuando usted no sea consciente de ello. Las creencias se esconden en lo más profundo de su mente, afectando el modo en que usted ve y siente las cosas.

Duke guardó silencio, con la tensión marcada en el rostro. De repente, salió disparado de su asiento, con peso extra y todo, y empezó a dar vueltas y a crujirse los nudillos, despotricando y desvariando.

—Con que elección mía, ¿eh? ¡Creencias escondidas!

Y siguió arriba y abajo, hasta que los gritos se convirtieron en murmullos, los pasos se apaciguaron y los crujidos de nudillos enmudecieron. Poco después, Duke se desplomó nuevamente en la silla y enterró la cara entre las manos.

Finalmente, levantó la mirada. Tenía los ojos empañados en lágrimas.

—Todo este camino para llegar aquí y descubrir que yo era el único culpable.

Willie se acercó y posó una mano cariñosa sobre el hombro de Duke.

—Usted es responsable, pero no culpable. Culpándose a sí mismo sólo va a conseguir deprimirse más y sentir un peso mayor en el corazón. Y con eso no va a hacer nada para resolver sus problemas.

Duke volvió a enterrar la cara entre las manos, para mascullar entre dientes:

—No sé. No hago más que dar vueltas a todo lo que me ha dicho. Nada es como yo creía que era. ¡Es todo tan tremendo, tan terrible! No puedo soportarlo.

—Duke, lo está volviendo a hacer: *tremendizar* y *terribilizar*. Está diciéndose cosas que le sacan de quicio para nada. Aún cuando sucedan cosas verdaderamente terribles, ¿de qué le serviría ponerse frenético con ello? ¿Acaso va a cambiar en algo lo sucedido? ¿Le va a permitir enfrentarse mejor al problema?

—No sé. No puedo evitarlo.

—Sí que *puede* evitarlo. Ésa es la clave. Diciéndose que las cosas no deberían ser como son, y exagerándolas hasta convertirlas en un horror diciendo que son tremendas y terribles, sólo se hará más daño. ¿Y qué bien le va a hacer insistir en que no puede soportarlo cuando, de hecho, lo está soportando? Todavía está usted aquí. No es el fin del mundo.

—Supongo que no –gruñó Duke–. Pero usted sabe lo que quiero decir.

—Sí, lo sé. Pero esos pensamientos extremos, malsanos y retorcidos le tienen encajonado... bueno, usted mismo puede verlo. Tome el libro que hay en el estante de debajo del pupitre y mire la primera página.

Duke sacó el libro. En la tapa leyó:

LECCIONES PARA EL CORAZÓN

El Secreto de Vivir Según las Leyes de los Países

Preguntándose para qué se necesitaba todo un libro para contarle a uno un pequeño secreto, Duke lo abrió para buscar la primera página. Perplejo, se quedó mirando a Willie.

—Aquí no hay nada.

—Mire de nuevo —dijo Willie con suavidad.

—¡Eh! ¿Cómo ha aparecido eso ahí? —preguntó Duke, mientras observaba incrédulo la imagen de un abultado corazón por detrás de una hilera de apretadas y retorcidas líneas. El corazón tenía unos labios curvados hacia abajo y unos apenados ojos empañados en lágrimas. Al pie decía:

Pensamientos retorcidos = Un corazón pesaroso
y una vida desquiciada

—¡Eso no estaba ahí antes! —exclamó Duke—. ¡Sé que no estaba!

—A menudo, lo que más se necesita aparece cuando y donde menos se espera —afirmó Willie, divertido con la reacción de Duke—. Un antiguo proverbio chino dice que una imagen vale más que mil palabras. De modo que, ¿qué cree que está pasando ahí?

Duke sacudió la cabeza consternado, y puso toda su atención en la imagen.

—Esas líneas retorcidas parecen barrotes. ¿Por qué está en prisión ese pobre corazón?

—Muy observador, Duke. Los pensamientos retorcidos encierran a los corazones y los mantienen encerrados en una prisión emocional que uno mismo se hace.

—Así es como se siente mi corazón —dijo Duke con tristeza.

—¿Qué cree que le va a suceder al corazón de la imagen?

Duke respondió con voz temblorosa:

—Va a estar ahí atrapado para siempre.

—No tiene por qué ser así, y tampoco en su caso, si usted cambia su visión de las cosas y detiene ese viejo hábito de pensamiento frenético. Se ha demostrado que la gente se siente mejor cuando asume una nueva visión de las cosas. Dele una oportunidad.

—Pero, si ni siquiera sé por dónde empezar…

—Puede empezar por decirse que es un grandísimo alivio descubrir que usted está al cargo de sus propias emociones. Que está bien ser el que se ha provocado la pesadumbre de corazón y que su vida esté descontrolada…

—¿Está de broma?

—No, Duke, no estoy de broma —dijo con firmeza el profesor—. Está bien porque, si fue usted el causante, es usted quien puede resolverlo, y es usted quien puede asegurarse de que esto no le vuelva a suceder otra vez.

La voz de Willie se hizo más fuerte y enérgica.

—Piense en eso. Usted ya no volverá a ser víctima indefensa de nada de lo que le suceda. Ya no más ir de aquí para allá y crujirse los nudillos, haciéndose el corazón pesado. ¿Se da cuenta de lo emocionante que es esto?

—Si es tan emocionante, ¿por qué me siento tan mal?

—Eso es natural. Cuando las personas descubren que son las responsables de sus propias reacciones, y de un montón de sus problemas, esto les provoca una sacudida. Es más fácil seguir culpando a los demás y al universo. Pero cuando usted se percate de que tener el control de sus reacciones es algo bueno, se va a sentir mejor.

—Bueno… si eso me hiciera sentir mejor de verdad… –dijo Duke con un suspiro–. Pero, ahora, además de todos los problemas que ya tenía, ¿tengo que preocuparme por lo que estoy pensando a todas horas?

—No, no tiene que preocuparse por eso. Usted, simplemente, tiene que prestar atención para cambiar aquellos pensamientos que le llevan a sentimientos extremos y malsanos como los que ha venido teniendo durante tanto tiempo.

—¿Y cómo sabré qué pensamientos cambiar y qué pensar a cambio?

—Hay una fórmula muy útil que explica y deja claro todo esto de lo que hemos estado hablando. En cuanto sepa cómo usarla, sabrá qué hacer.

Willie fue hasta la pizarra.

—Le va a encantar. Es muy sencilla.

—Es un alivio. Lo único que podría manejar en este momento sería algo sencillo.

Willie tomó la tiza.

—Mientras yo escribo esto en la pizarra, ¿por qué no toma usted nota en su libro de lecciones de lo que ha aprendido?

—¿Escribir? ¿En el libro? –preguntó Duke pasando páginas.– ¡Pero si las páginas están en blanco?

—Las páginas están en blanco porque las personas recuerdan mejor las lecciones si las escriben por sí mismas.

Encogiéndose de hombros, Duke volvió a la segunda página. Tomó la pluma del tintero, pero estaba seca; y lo mismo el tintero.

Al ver su perplejidad, Willie le sugirió que intentara escribir de todas formas. Duke lo hizo, y la pluma funcionó.

Bueno... había que mojarse, pensó, dándose cuenta de que su sentido del humor había sobrevivido a su mal talante. *¡Qué gran invento!*

Cuando terminó de escribir, miró a la pizarra. En ella, Willie había puesto:

LECCIÓN 2

El ABC de las emociones

A. Adversidad: *sucede algo*
B. Creencia: *visión, pensamientos acerca de lo que sucede*
C. Consecuencias: *sentimientos y acciones* [4]

—¿Ve? Le dije que era sencilla –dijo Willie–. Tan sencilla como A-B-C, y funciona para casi todo lo que puede suceder en la vida. ¿Recuerda el cuento que le conté? Los tres padres se enfrentaron a la misma adversidad. Ésta fue su A. Cada uno de ellos tomó un punto de vista diferente sobre el asunto, tuvieron pensamientos diferentes, creencias diferentes... su B. Por eso, sus sentimientos y sus acciones, sus consecuencias, C, fueron diferentes.

---

4. En inglés, los términos coinciden con las letras: A, *Adversity*; B, *Belief*; C, *Consequences*. (N. del T.)

Willie dejó la tiza y se apoyó en el taburete.

—Esta fórmula es una verdad invariable. Los pensamientos llevan a los sentimientos y a las acciones. Los pensamientos positivos llevan a sentimientos y acciones positivos. Los pensamientos negativos llevan a sentimientos negativos, que pueden llevar a acciones negativas. Y los pensamientos muy negativos llevan a sentimientos muy negativos, y posiblemente llevarán a acciones muy negativas. A + B = C.

—Sí, ya veo cómo me meto en problemas. A + B = C. *Es* muy sencillo.

—Ciertamente. Y, ahora —dijo Willie con una gran voz—, le presento... el secreto de todos los secretos. Bueno, la parte principal en cualquier caso. ¿Está preparado, Duke?

—Sí, sí. ¡Por fin! ¿Cuál es?

Willie se volvió a la pizarra y, con un gran barrido del brazo, escribió:

EL SECRETO DE VIVIR SEGÚN
LAS LEYES DE LOS PAÍSES

Lo que piensas es lo que sientes

—¡Ta-chan! ¿No es genial? —dijo emocionado.

Duke mostró un gesto de decepción.

—¿Es eso? ¿Ése es el secreto? ¿Lo que piensas es lo que sientes?

—Básicamente, sí. Evidentemente, hay mucho más detrás. Lo que piensas lleva también a lo que haces. Y lo que haces lleva a lo que piensas y sientes. De hecho, lo que piensas, sientes y haces se influyen mutuamente.

—Pero, yo pensaba que sería un secreto mágico –dijo Duke decepcionado.

—Este secreto funciona como la magia, si usted se esfuerza con él.

—¿Esforzarse? Usted no lo entiende. Yo pensaba que, de alguna manera, ese secreto haría que las leyes fueran, automáticamente, más fáciles de vivir –dijo Duke.

—Ya sabe, Duke, los juicios rápidos le cierran la mente. Si yo hiciera apuestas, apostaría mi cuchillo de tallar a que este secreto se convertirá para usted en el mejor secreto que haya aprendido jamás.

—Supongo que eso quiere decir que necesito cambiar mi punto de vista sobre él, ¿no?

—Exacto. Después, estará preparado para aprender el secreto de la utilización del secreto.

Duke puso los ojos en blanco.

—¿El secreto de la *utilización* del secreto?

Willie reprimió una sonrisa y no dijo nada.

—De acuerdo, profesor, usted dice que este secreto funciona como la magia. Vamos a ver si es verdad.

Capítulo Siete

Una nueva clase de valentía de Caballero

—Ahora, Duke, vamos a ver cómo se metió usted en el lío en el que está ahora y vamos a ver qué puede hacer para salir –dijo Willie frotándose las manos–. ¿Está listo para utilizar algo de esa valentía de caballero?

—Supongo que sí –respondió Duke–. ¿Qué tengo que hacer?

—Venga a la pizarra y escriba sus ABC, las cosas que le sucedieron y que le disgustaron, los pensamientos que tuvo al respecto, y los sentimientos y las acciones resultantes.

Willie le tendió la tiza y Duke tiró de sí para levantarse de la silla. Tomó la tiza y escribió:

Mis Aes

Mi esposa me dijo que me fuera.
Mi hijo se negó a convertirse en un caballero.
Mi amiga me dejó.

—Bien –dijo Willie–. Ahora, intente recordar los pensamientos que tuvo cuando sucedieron estas cosas, y escríbalos en la pizarra.

Duke se encogió y, luego, comenzando con Allie, puso:

Mis Bes

¡Ella no me puede hacer esto a mí!
¡Esto es tremendo!
¡Yo debería estar en mi casa!
¡Ha echado a perder mi vida!
¡No deberían pasar estas cosas!

Y, mientras estos pensamientos venían a la superficie, una avalancha de pensamientos similares aparecieron también acerca de Jonathan y de Cindy, y se sintió abrumado. Dolorido y desconcertado, Duke se detuvo.

—Todo esto de pensar en los pensamientos que pensaba me está revolviendo la cabeza. Hay más pensamientos de los que jamás pensé que pensaría.

Suspiró y volvió a la pizarra, escribiendo tan rápido como podía y ejerciendo tal presión sobre la tiza que por dos veces la rompió y tuvo que tomar otra nueva.

¡Johnny debía convertirse en un caballero!
¡No hay derecho a que se niegue a serlo!
¡No es justo!
¡Todo está mal!
¡No me merezco esto!
¡Es todo tan terrible!
¡No puedo soportarlo!

La voz de Willie cortó el frenesí de pensamientos que Duke estaba purgando en la pizarra.

—De acuerdo, es suficiente –dijo Willie–. Hablemos ahora de algunos de esos pensamientos.

Willie señaló en la pizarra.

—Veamos éste… y éste… y éste. Usted se dice a sí mismo que las cosas *deberían* ser (*deben* ser) diferentes a como son, y que es *tremendo* y *terrible* que no sean así, y que *no puede soportarlo*. Usted transformó sus *quieros* en *deberías absolutos*, en *exigencias* que pueden no satisfacerse, como le ocurre al tercer padre del cuento. Estaba tan desolado porque su hijo quería ser guerrero en vez de erudito, que desa-rrolló una pesadumbre de corazón del Tipo II, ¿recuerda?

—Ya sabe, antes de que usted me contara ese cuento, yo habría dicho que cualquiera habría pensado lo que yo pensé –comentó Duke–. Ahora sé que es posible ver las cosas de una forma diferente, pero yo aún no puedo verlo de otro modo, y creo que cualquiera, en mi situación, se habría sentido igual que yo.

—No todos aquellos a los que sus esposas les dicen que se vayan, cuyos hijos no siguen la senda que ellos quieren o cuyas amigas les dejan se encuentran en la situación en la que usted se encuentra. Hay personas que soportan cosas bastante peores y, aún así, no se hacen a sí mismos lo que usted se ha hecho.

Willie hizo una pausa para buscar efecto.

—Perdóneme por ser tan directo, pero no todo el mundo se arrastra por ahí con una pesadumbre de corazón del Tipo II, quejándose, gruñendo y gimiendo como un niño exigente y mimado que no se sale con la suya.

Duke no se podía creer lo que estaba oyendo.

—¿Que yo hago eso? –suspiró–. Bueno, no importa, supongo que sí, que lo hago.

—Sí, y comportándose así no va usted a ninguna parte, salvo a agravar sus problemas. Hay veces en que uno no tiene más que hacer las paces con lo sucedido y seguir adelante lo mejor que puede. ¿Recuerda a aquel joven caballero que, hace unos cuantos años, resultó seriamente herido en una carrera de carros? Aquel chico podría haberse quedado sentado para siempre quejándose de su mala suerte y de lo mal que tenía las piernas; podría no haber hecho nada. Pero no es eso lo que hizo. ¡En absoluto! Estaba enfadado con lo que le había sucedido, y estaba triste porque su carrera de caballero había finalizado, pero…

—¡Ve! –cortó Duke, apuntando con el dedo a Willie–. Él no se dijo que resultar herido en un accidente estuviera bien. Él también pensó cosas que le hicieron sentirse desgraciado. ¡No me diga que no desarrolló una pesadumbre de corazón!

Willie se mantuvo imperturbable ante el estallido de Duke.

—Lo que pensaba y sentía era comprensible y saludable en aquellas circunstancias –dijo calmadamente–. Era normal, en su situación, que se sintiera desgraciado y con pesadumbre de corazón, especialmente al principio; lo mismo que fue normal para usted. Pero no *se hizo* tan desgraciado, ni *permaneció* tan desgraciado, como para desarrollar una pesadumbre de corazón del Tipo II y una montaña de problemas más. ¿Recuerda usted lo que hizo él?

—Sí –respondió Duke sin ningún entusiasmo–. Fundó aquel consejo para la seguridad en las carreras de carros y consiguió que algunas personas famosas se involucraran en la mesa directiva. Él me preguntó si yo querría estar en esa mesa, pero yo estaba demasiado lejos de aquello. Mmm… George. Así se llamaba el muchacho. También se hizo presentador de carreras de carros. Yo pensé que el accidente le había vuelto loco, cuando le oí decir que era más feliz de lo que había sido matando dragones, y que daba gracias por haber tenido el accidente.

—Las adversidades suelen traer regalos inesperados. Las dificultades de un día pueden ser bendiciones al día siguiente.

—Supongo que George pensaría eso. ¿Cómo le dio la vuelta a todo de aquella manera? ¿Fue uno de sus alumnos, Willie?

—No puedo hablar de ello. Secreto profesional entre profesor y alumno, ya sabe. Pero sí que puedo decirle que George tuvo que ver su situación de una forma muy positiva, para sentirse tan bien como llegó a sentirse con ello. Recuerde, los pensamientos positivos llevan a sentimientos y acciones positivos.

—Mmm-hmmm, el secreto, A + B = C –dijo Duke afirmando con la cabeza–. Pero, no sé. Todavía me resulta difícil de creer que, sucediéndole algo tan malo como lo que le sucedió, terminara siendo tan feliz.

—Eso es debido a que hizo mucho más que tener pensamientos positivos. Hizo que su accidente sirviera realmente para algo. George aprendió de su accidente, y encontró la manera de que aquello trajera algún bien, para sí mismo y para los demás. Adoptando una acción positiva, consiguió sentirse mejor y pensar de un modo más equilibrado y recto. Y eso, amigo mío, es un billete hacia la felicidad.

Duke se rascó la cabeza.

—De modo que sus pensamientos le ayudaron a hacer algo positivo, y hacer algo positivo le ayudó a pensar de forma más recta, y pensando y haciendo consiguió sentirse mejor, y sintiéndose mejor logró pensar mejor y hacer lo que hizo. Sí, lo pillé. Todo funciona conjuntamente, tal como dijo usted. Todo esto es parte del secreto que me ha enseñado. Quizás George no estuviera tan loco después de todo.

—Ahora está usted viendo todo el secreto en funcionamiento —dijo Willie, tomando un trozo de tiza y dibujando una línea retorcida a continuación de cada uno de los pensamientos que Duke había escrito en la pizarra.

—¿Por qué está haciendo eso? —preguntó Duke.

—Para demostrarle que estos pensamientos son irracionales y retorcidos, del mismo tipo que los pensamientos retorcidos que tienen atrapado al corazón lloroso de su libro, ¿recuerda? Hay opiniones, creencias, no realidades. Pero parecen realidades; realidades absolutas, concluyentes. Veamos ahora a qué sentimientos y acciones nos llevan.

Agradecido por dejar de pensar en sus retorcidos pensamientos, Duke hizo una inspiración profunda y empezó a escribir.

Mis Ces

Furioso, muy frustrado, muy herido
Iba de aquí para allá y me crujía los nudillos mucho más de lo habitual
Desarrollé una pesadumbre de corazón Tipo II y casi no me podía ni mover
Distracciones: se me caían las cosas, me daba golpes, se me olvidaba dónde había puesto las cosas
Comencé a tener problemas para matar dragones y perdí la confianza en mí mismo
Probé a ahogar mis problemas en jugo y me volvieron a echar de mi castillo

Casi resulto muerto combatiendo con un dragón
Casi resulto muerto huyendo de un dragón
Deprimido, impotente y desesperado

Cuanto más pensaba Duke en lo mal que se había llegado a sentir y en todos los problemas que había tenido, más resurgían en su interior aquellos sentimientos de dolor. De repente, arrojó la tiza y se puso a dar paseos y a crujirse los nudillos.

—¡Yo estaba furioso! ¡Y sigo estándolo! —dijo de repente—. Estoy tan frustrado que puedo estallar. ¡Cómo se atreven a hacerme esto a mí! Nada de todo esto debería haber ocurrido. ¡No es justo! ¡No está bien!

Entonces, se tapó la boca con la mano y se quedó quieto, con los ojos muy abiertos, como anticipando algo. Efectivamente, instantes después, se agarró el pecho.

—¡Oh, no! ¡El corazón! ¡El corazón! ¡Otra vez está aumentando de peso! ¡No debería haber dicho todo eso! ¡Me está pasando otra vez! ¡Lo sabía! Es tremendo. Terrible. Ya no puedo más —gritaba, yendo de aquí para allá frenéticamente, deseando crujirse los nudillos; pero sin poder hacerlo, dado que una mano la tenía aferrada al pecho.

—¡Duke! ¡Duke! ¡Deje de tremendizar y terribilizar! —gritó Willie—. ¡Fíjese en lo que se está haciendo a sí mismo!

Pero Duke estaba tan absorto en su dolor, en sus esfuerzos por dejar de decir lo que estaba habituado a decir, que no se dio cuenta de lo que Willie le decía.

—¡Duke… Duke… DUKE!

—¿QUÉ? —respondió gritando también.

—¡BASTA! ¡Preste atención a lo que está pensando! —le exigió Willie—. Ponga la mano delante de usted y diga «¡Basta!» a sus pensamientos retorcidos.

—¿Cómo? ¿Así? –dijo Duke.

Y, deteniéndose bruscamente, puso la mano frente a él, con la palma hacia fuera, y rugió:

—¡BASTA!

—¡Sí! Las palabras tienen consecuencias, ya lo sabe. Son muy poderosas.

Exhausto, Duke intentó recobrar el aliento.

—Espero que sea así. Doc dijo que tengo que usarlas para combatir con un dragón.

—No se preocupe. Las palabras adecuadas pueden matar hasta al dragón más terrorífico en la vida de cualquiera, pero las palabras equivocadas te pueden derrotar.

—Bien, pues, ¿cuáles son las adecuadas? –preguntó Duke, mientras se iba agitando de nuevo–. ¡Dígamelo rápido! ¡El corazón me pesa cada vez más!

—Usted puede detener eso. Haga como le he dicho. Respire lenta, profunda y pausadamente.

—Usted y eso de respirar otra vez. ¡De acuerdo! ¡De acuerdo!

Duke inspiró profundamente, y Willie le dio instrucciones para que lo hiciera una y otra vez.

—Ahora está preparado. Vamos a introducir pensamientos equilibrados y rectos, con rapidez. Esos *deberías* y *tendrías,* los *tremendos* y los *terribles,* y los *no-puedo-más* que le están hundiendo.

Y Willie garabateó en la pizarra:

Sus Nuevas Bes

*No me gusta lo que Allie, Johnny y Cindy dijeron
e hicieron, pero no es tremendo ni terrible.
¡Simplemente, es lamentable, y puedo soportarlo!*

Luego, trazó una línea recta junto al nuevo y recto pensamiento.

—Ahora, lea esto en voz alta, Duke, y dígalo como si se lo creyera.

Duke casi se ahogó intentando sacar las palabras.

—Dígalo de nuevo, con más fuerza –le dijo Willie–. Un pensamiento racional y recto como éste resolverá sus problemas de pesadumbre de corazón. Venga, dígalo.

Duke obedeció.

—Ya está.

—Sigue siendo muy débil. Dígalo de nuevo, como si lo creyera con toda su alma.

—¡Pero es que *no* me lo creo! –espetó Duke.

—Se lo creerá. Todavía está aprendiendo. Por ahora, simplemente, finja que se lo cree y dígalo de nuevo, con fuerza. Póngale emoción.

Duke tragó saliva y dijo a voz en grito lo que había en la pizarra.

—Eso está mucho mejor –comentó Willie–. Aquí tiene otros pensamientos entre los que puede elegir y que le ayudarán a sentirse mejor.

Willie escribió otros cuatro pensamientos rectos más en la pizarra:

> *Lo que me sucedió parece injusto, pero la vida no siempre va a ser justa.*
> *Las cosas no tienen por qué ser del modo que yo quiero que sean, aunque yo preferiría que fuesen así.*
> *La gente no tiene por qué tratarme del modo que yo querría que me trataran, aunque sería más feliz si lo hicieran.*

Me niego en absoluto a sentirme desdichado
por lo que ha sucedido.

Willie trazó una línea recta junto a cada uno de los nuevos pensamientos y, después, instó a Duke a que se forzara a decirlos una y otra vez con tanta convicción como fuera capaz.

Finalmente, Duke comentó:

—Todavía no me creo todo esto, ya sabe.

—Está bien –respondió pacientemente Willie–. Comience de nuevo.

Duke volvió a empezar desde el principio de la lista y repitió cada uno de los nuevos pensamientos hasta que sonaron lo suficientemente contundentes como para satisfacer a Willie. De repente, Duke dijo:

—¡Funciona! ¡El corazón ya no me pesa tanto! ¡Es increíble! ¿Cómo ha ocurrido?

—Usted se ha detenido en mitad de un proceso de incremento de pesadumbre de corazón y ha comenzado a enderezar sus pensamientos retorcidos, cambiando los *deberías* y los *tendrías* por *quieros,* y los *tremendos* y *terribles* por *lamentables.*

—¿Eso he hecho? ¡Sí! ¡Lo hice! –dijo Duke con una sonrisa resplandeciente.

—Sí que lo hizo. Lo ha controlado. Hizo que el corazón le pesara más y, luego, detuvo el proceso. Los nuevos pensamientos le llevaron a nuevos sentimientos, y esos sentimientos tuvieron su efecto sobre su cuerpo. ¿Cómo se siente ahora?

—Decepcionado… triste… frustrado, pero no tan disgustado como para no poder soportarlo, creo. Aún no me siento bien, pero me siento mucho mejor, más tranquilo.

—Me alegro, Duke. Su decepción, su tristeza y su frustración son saludables, porque son emociones adecuadas a lo sucedido. Quizás no sean buenas, pero no le van a generar una pesadumbre de corazón Tipo II, ni van a hacer que su vida se desboque.

—Me voy a sentar —dijo Duke dirigiéndose hacia la silla.

Willie escribió:

Sus Nuevas Ces

Más tranquilo
El corazón no sigue aumentando de peso
Decepcionado
Triste
Frustrado

Willie señaló las antiguas Bes y Ces.

—¿Se da cuenta de cómo estos pensamientos retorcidos le hacían sentirse desdichado?

Luego, señaló las nuevas Bes y Ces.

—¿Y cómo estos pensamientos rectos le han hecho sentirse menos disgustado?

Duke se secó la frente con el dorso de la mano.

—Sí, me doy cuenta. Pero los pensamientos rectos son más fáciles de decir o de escribir que de pensar. He tenido que decirlos una y otra vez para conseguir que funcionen.

—Esto es así cuando uno es nuevo en los ABC. A veces, hay que esforzarse para convencerse a uno mismo. La práctica es la clave. De hecho, ésa va a ser su tarea para casa.

—¿Tareas para casa? —refunfuñó Duke.

Y, después, acordándose de pensar en sus pensamientos, extendió la mano y dijo:

—¡Basta!

Respiró lenta, profunda y pausadamente, y añadió:

—De acuerdo, no es tremendo ni es el fin del mundo hacer tareas para casa. Supongo que puedo soportarlo. La práctica me ayudará a mejorar.

Sonriendo, Willie dejó la tiza y se sacudió las manos.

—Ésa es la idea. Ahora, copie los ABC en su libro, tanto los viejos como los nuevos, para que pueda acordarse de qué pensar y qué no pensar. Y, cómo no, copie el secreto.

Willie se dirigió a la mecedora, sacó la navaja y el pedazo de madera, y se puso a tallarlo.

—Asegúrese de incluir lo que dijimos antes acerca de que las palabras tienen consecuencias, y son muy poderosas. Eso es importante que lo recuerde.

Se detuvo y dio varios cortes a la madera.

—También es importante acordarse de leer y de decir con frecuencia esos pensamientos rectos, con convicción, y añadir otros nuevos a medida que se le ocurran.

Y, haciendo un guiño, dijo:

—Ahora, depende de usted el ser una de esas personas que se sobrepone a las adversidades, o ser una de ésas que se ven abrumadas por las adversidades.

Y siguió tallando.

Adversidad, pensó Duke abriendo su libro. La imagen de aquel corazón abultado, doliente y aprisionado le saludó y persistió en su mente mientras pasaba página y comenzaba a escribir los ABC. Cuando terminó, volvió al corazón de la primera página y lo miró y lo remiró.

Al fin, dijo:

—Soy Duke, el Caballero, y aprenderé a imponerme a los pensamientos retorcidos, del mismo modo que aprendí a imponerme a los dragones. Si un caballero venido a presentador de carreras de carros puede hacerlo, yo también puedo hacerlo. Es una cuestión de honor, y también la emoción del desafío. Ésa es mi nueva visión. Pensaré rectamente para liberar mi corazón de su prisión emocional.

Y, luego, trazó una gran X sobre el corazón.

De repente, la imagen desapareció, y apareció una nueva en su lugar: un redondeado y sonriente corazón de ojos relucientes, con alas en los costados. Del corazón emanaban unas líneas rectas, como los brillantes rayos de luz alrededor del sol. La nueva leyenda decía:

Pensamientos rectos = Un corazón feliz... y más ligero

—¡Uau! ¡Mire esto! –exclamó Duke–. Ha cambiado solo. No me lo hubiera imaginado cuando vi la Escuela Hogar de la Nueva Visión...

E insistió buscando atención.

—¡Lo conseguí, Willie! He aprendido la lección de la Nueva Visión en la Escuela Hogar de la Nueva Visión. ¡Y las paredes de cristal son transparentes para transparentar la visión de las cosas que suceden! ¡Qué ingenioso!

Willie levantó la vista de su talla.

—Si cree que esto es ingenioso, espere a ver para qué son las gafas que lleva en la cartera –dijo con picardía.

—¡Oh, claro, mis herramientas de héroe! –dijo Duke, dejando la pluma y a punto de caer al suelo en su intento por echar mano de la cartera, que estaba a sus pies. La silla se tambaleó y amenazó con volcar, pero se plantó firmemente en el suelo de nuevo cuando Duke se incorporó y dejó caer la cartera sobre el pupitre. La abrió y buscó las gafas.

—¡Aquí están! ¡Mire! Tienen un logo: NV. No es la marca, ¿verdad? Significa Nueva Visión —dijo excitado, como si hubiera hecho el mayor de los descubrimientos—. Y las lentes son transparentes, para una visión transparente, como las paredes, ¿verdad?

—Verdad. Esas gafas le ayudarán a ver con su nueva transparencia cuando sus viejos puntos de vista regresen, y cuando vuelvan las nubes de sus pensamientos acerca de lo que le sucede, o lo que le sucedió.

—¡Doc dijo que estas herramientas de héroe tienen cualidades especiales, casi mágicas! Me alegro de tenerlas. Las ideas de asumir una nueva visión y los ABC son obvias en cuanto las conoces, pero tengo la sensación de que no va a ser fácil utilizarlas a lo largo del sendero.

—Algunas situaciones son más fáciles que otras —respondió Willie—. Si sigue utilizando ese tozudo espíritu de caballero suyo frente a su antigua manera de pensar, le auguro tantas victorias como las que tenía con los dragones.

Willie le tendió a Duke el trozo de madera que había estado tallando.

—Aquí tiene otra herramienta de héroe que podría serle de utilidad.

—¿Un palo? ¿Para qué es? —preguntó Duke.

—Para recordarle que piense rectamente. Ya sabe, recto como un palo. ¿O es recto como una flecha? Bueno, eso me habría llevado más tiempo de tallar. Además, no le habría entrado tan bien en la cartera —dijo Willie con una sonrisa.

—¿Ha tallado esto para mí? Me preguntaba que estaría haciendo. ¡Gracias!

—Ha sido un placer —dijo Willie, dándole a Duke una fuerte palmada en la espalda—. Se lo ha ganado a pulso. Su apertura, su disposición y su valentía son dignos de admiración.

—Mentes abiertas, puertas abiertas —dijo Duke con orgullo—; aunque aún tenga reservas acerca del viaje, ¿no, Willie?

En aquel momento, la puerta trasera de la escuela se abrió de par en par.

—¿Cómo ha ocurrido eso? —preguntó Duke sobresaltado.

—Eso responde a su pregunta: las mentes abiertas abren puertas, aunque haya reservas. Le esperan nuevas experiencias. Vamos, Duke. Le acompaño afuera. No olvide su libro ni su pluma.

Duke lo guardó todo en su cartera, y también el palo. Se puso en pie y se colgó la correa al hombro. Profesor y alumno, del brazo, atravesaron la puerta y salieron al sendero, iluminado por el sol.

La puerta se cerró tras ellos. «Debe ser para anticiparse al próximo alumno», pensó Duke, y pensó en lo extraño de aquel pensamiento. «Si no pensabas locuras cuando llegaste aquí, seguro que las piensas cuando llega el momento de partir.» Y después pensó también en aquel pensamiento.

—¡Eh! ¡Estoy pensando en mis pensamientos yo solito! También lo hice antes.

—Ésa es una buena señal —dijo Willie—. Está aprendiendo bien sus lecciones hasta el momento. Está en camino hacia la serenidad que busca. Aunque, evidentemente, tendrá que aprender nuevas lecciones. Siempre las hay.

—¿Nuevas lecciones? –dijo Duke con aprensión.

Respiró lenta y profundamente, y añadió:

—De acuerdo. Las trabajaré.

—Ésa es la actitud que hay que tener. Ahora, Duke, una advertencia. Conviene que esté preparado. Seguro que van a pasar cosas en el sendero que quizás no le gusten al principio. Cuando le ocurra esto, acuérdese de cómo se sintió con la escuela hogar, con los ABC y conmigo, y también con George. Y practique, practique, hasta que los pensamientos retorcidos se transformen en rectos. Ocurra lo que ocurra, contemple cada experiencia como una maestra, y aprenda las lecciones que le ofrece. Quizás encuentre un valioso regalo en ella.

—Lo haré, Willie. Lo haré como me ha enseñado.

—El camino está lleno de baches, pero utilizando los ABC salvará el trasero una y otra vez. Usted ya me entiende –dijo el profesor con una sonrisa.

Duke sabía exactamente lo que Willie quería decir. Su vida se había convertido en un camino lleno de baches, tan desigual como el camino lleno de rocas y baches que había tambaleado su carro hasta hacerle dar con el trasero contra el tronco del gran roble. Se estremeció al recordar su encuentro aquel día con el dragón, que le había llevado a emprender la huida, presa del pánico.

Willie le pasó el brazo por la espalda a Duke y le dio un apretón tranquilizador.

—Enfrentarse a los dragones es parte del viaje. Usted es un buen alumno. Lo hará bien.

—Me gustaría poder creerlo tanto como lo cree usted –dijo Duke con una sonrisa de vergüenza–. Sea como sea, gracias por todo.

Willie volvió a apretar con fuerza.

—De acuerdo, ya es suficiente. Llegó el momento de partir, amigo mío.

Mientras Duke se alejaba de la escuela, oyó a Willie gritar:

—¡Siga con su buen trabajo!

Duke saludó con la mano y respondió:

—Usted también, Willie, con sus enseñanzas y con sus tallas.

Y luego, viendo que Willie se arrodillaba en tierra, añadió:

—¡Y con las malas hierbas!

Capítulo Ocho

El País de la Serenidad

En el momento en que Duke comenzó a preguntarse dónde estaba Maxine, ésta descendió en picado desde el cielo y aterrizó sobre su hombro.

—En circunstancias normales, no habría pedido que me llevaran —explicó—, pero me lastimé las alas en la convención de colibríes. Sé que los azulejos no pueden mover las alas tan rápido como los colibríes, pero no pude resistir la tentación de entrar en la competición. ¡Era tan divertido!

—¿Te lastimaste las alas intentando aletear tan rápido como un colibrí? —repitió Duke, intentando no reírse al imaginarlo—. En otro tiempo hubiera dicho que eso era terrible. Ahora, desde que estuve en la escuela hogar, sólo digo que es lamentable. O quizás habría dicho que deberías habértelo pensado mejor, pero estoy intentando no decir *deberías* nunca más, o cualquier otra palabra que signifique *tener que* o *deber* o cualquier otra cosa.

—¡Bien, bien! Parece que has hecho un largo camino desde la última vez que nos vimos, ¿no? —dijo Maxine.

—Sí –respondió Duke al tiempo que descendían el sendero–. ¡He conocido el secreto! Ahora ya lo sé todo acerca de los ABC, los puntos de vista, las consecuencias, los sentimientos saludables y los pensamientos retorcidos. Por ejemplo, si a ti se te ve feliz, a pesar de haberte lastimado las alas, ¿es porque eres el Azulejo de la Felicidad? ¿O es porque sabes pensar rectamente, como me enseñó Willie?

—Las dos cosas. Curiosamente, yo no me habría convertido en el Azulejo de la Felicidad si no me hubiera convertido en una experta en pensamiento recto y si no hubiera puesto en práctica mis nuevos pensamientos. Tú también puedes convertirte algún día en un azulejo de la felicidad, Duke. Les pasa a muchas personas que recorren este sendero —dijo Maxine con una risita entre picos.

Duke arrugó la nariz con desagrado.

—Si aprendiendo estas lecciones me voy a convertir en un alegre pajarillo, tendré que pensarme dos veces si termino este viaje.

—Me encanta ver que aún conservas tu sentido del humor. Vas a necesitarlo –dijo Maxine divertida.

—No voy a preguntar lo que eso significa. No creo que quiera saberlo.

Siguieron recorriendo el sendero en silencio, a excepción de alguna pregunta impaciente ocasional por parte de Duke acerca de cuánto más tendrían que caminar para llegar al primer país, y la tranquilizadora respuesta de Maxine de que no tardarían mucho. Mientras tanto, Duke caminaba torpemente y con dificultad, todo lo rápido que se lo permitía su peso, junto a su pequeña compañera, que se balanceaba, saltaba y se agarraba a su hombro con fuerza, para no caer cuando Duke pasaba demasiado cerca de un matorral o tropezaba con algo.

Finalmente, en la distancia, Duke vio un claro con algo en su centro. Al acercarse, vio que era una gran señal de madera. Con los ojos entrecerrados por la luz del sol, Duke se esforzó por ver lo que decía.

BIENVENIDO AL PAÍS DE LA SERENIDAD
LEY DEL PAÍS:

Acepta las cosas que no puedes cambiar

—¡Llegamos! –gritó–. ¡Y esa es la ley del país!

—Sí, y debes ser sumamente cuidadoso en no romperla –le advirtió Maxine–. Se hace cumplir estrictamente para mantener un entorno sereno. En cuanto entras en este país, se te hace responsable de cualquier cosa que pienses, digas o hagas que rompa la ley, salvo, claro está, durante el período de gracia que se le concede a todos los recién llegados.

—¿Período de gracia?

—Sí, tienes lo que queda del día de hoy para habituarte a observar la ley.

—Bien, convendrá que empiece. Veamos, acepta las cosas que no puedes cambiar. Acepta las cosas que no puedes cambiar. Ya está, me lo sé –dijo, y dejó atrás confiadamente la señal para entrar en un tranquilo paisaje de un verde exuberante–. Ahora, sólo tengo que vivir según esa ley.

Y, abriendo los brazos, Duke declaró:

—Acepto todo lo que hay aquí, las flores, los árboles, el aire, el silencio, todo. Lo acepto completamente todo.

Se volvió a Maxine sobre su hombro.

—Es todo tan hermoso, no hay nada que cambiar. Estaba preocupado con que las leyes fueran difíciles de sobrellevar, y de vivir según ellas, pero ésta no parece tan mala. ¿Cuánto tiempo me llevará hasta que el corazón pierda peso? Aún no siento nada.

Maxine habría levantado las cejas si hubiera tenido.

—¿De verdad crees que esto es todo lo que has de hacer, Duke?

Duke se encogió de hombros.

—No puedes culpar a nadie por intentarlo.

Maxine sonrió.

—Aceptar lo que te gusta, lo que no cambiarías si pudieras, es fácil. Nadie tiene que aprender cómo hacer eso. Pero esta ley te pide que aceptes todo lo que hay en tu vida que no se puede cambiar, incluido aquello que *no* te gusta y *cambiarías* si pudieras.

—Mmm, todo lo que no me gusta... Bueno, no me gusta lo que sucedió con Allie, cambiaría eso si pudiera. ¿Me estás diciendo que tengo que aceptar eso? No creo que pueda. Quiero decir que he aprendido a disgustarme menos con ello, pero todavía me molesta.

—Quizás siempre te moleste; o, mejor dicho, quizás te molestes por ello tú mismo. Pero cuanto más aceptes que lo que sucedió, sucedió, que no puedes hacer nada al respecto, y que eso no es el fin del mundo, menos disgustado estarás.

—Sin embargo, cada vez que pienso en ello quiero que sea diferente –insistió Duke.

—Afortunadamente, las personas no *necesitan* que las cosas sean del modo que *quieren* que sea.

—Sí, eso he oído.

—Quizás también hayas oído que no sirve de nada querer que el pasado sea diferente. El pasado, pasado está. No puedes des-tañer una campana.

Esas palabras le golpearon en la cabeza. *No puedes destañer una campana. No puedes des-tañer una campana.* De repente, la veracidad de esa idea le pasó por encima como una ola gigante.

Maxine reconoció esa mirada de «lo pillé».

—¿Estás preparado para aceptar que lo que fue, fue, y dejar de luchar contra ello?

Duke contempló su situación. Era innegable que había intentado no aceptar el pasado, ¡y mira dónde le había llevado! Si, aceptándolo, consiguiera la serenidad que necesitaba, él lo haría.

—De acuerdo. No puedo cambiar el pasado, de modo que lo aceptaré.

Y, abriendo de nuevo los brazos, exclamó:

—A partir de este momento, acepto el pasado, ahora y para siempre.

Después, miró a Maxine.

—Ahora, ¿se me hará más ligero el corazón?

—Todavía no, Duke. Una cosa es decidirse a aceptar el pasado, y otra muy distinta es aceptarlo. Para eso, hace falta práctica; y lo mismo para aceptar el presente.

—Willie hizo que me ejercitara en el cambio de pensamientos retorcidos por pensamientos rectos y, con eso, el corazón dejó de aumentar de peso. Fue sorprendente, pero no duró. Los pensamientos retorcidos seguían apareciendo en mi cabeza, aunque los sustituyera una y otra vez por los pensamientos rectos. Es agotador... pensar retorcido, pensar recto, pensar retorcido, pensar recto, pensar...

—Llevas muchos años pensando retorcidamente. Hace falta tiempo para cambiar los viejos pensamientos automáticos. Pero si insistes en practicar, no te disgustarás con tanta facilidad, tan a menudo o durante tanto tiempo con Allie, con tu hijo o con cualquier otra persona.

Siguieron caminando, y Duke se sumió en sus pensamientos. Habló entre dientes, gruñó, hizo muecas e, incluso, gritó de cuando en cuando, pero no pasó mucho tiempo hasta que todo aquello se vio sustituido por una mirada firme de determinación y alguna sonrisa triunfante ocasional.

—Entiendo lo que quieres decir acerca de la práctica. He estado pensando en Allie, y puedo ver de qué modo puede funcionar.

—De acuerdo. Vamos a hablar ahora de algo más que necesitas aceptar.

—¿Tenemos que hacerlo? –gimió Duke.

—Sólo si quieres liberarte de tu pesadumbre de corazón.

—Eso me suena. Willie y tú debéis de pasar mucho tiempo juntos.

Maxine no se distrajo del tema.

—¿Qué hay de eso de que tu hijo no quisiera convertirse en caballero? –preguntó con cautela.

Duke se detuvo en seco y le lanzó una mirada asesina.

—¡Ah, no! ¡Eso no! Sería una pérdida de tiempo cambiar mis *deberías* y *tendrías* por *prefieros,* y mis *tremendos* y *terribles* por *lamentables* y todo eso, cuando aún es posible hacer cambiar de opinión a Johnny… quiero decir, convencer a Johnny para que cambie de opinión. Podría ser diferente si lo intentara con suficiente fuerza. Sé que él podría. No querrás que pierda el tiempo obligándome a mí mismo a aceptar algo que se puede cambiar, ¿no? Trabajemos con Allie un poco más, o con Cindy, o con lo de haberme ganado un corazón pesaroso, o con cualquier otra cosa.

Maxine respondió amablemente.

—Una persona no puede cambiar a otra persona. Durante años, intentaste cambiar a tu hijo, quisiste que fuera lo que tú pensabas que tenía que ser. Si deseándolo, dándote paseos, crujiéndote los nudillos y vociferando hubieras podido cambiarlo, ¿no crees que habría cambiado ya?

A Duke, la cabeza le daba vueltas.

—Yo… yo tengo que sentarme. No, no tengo que sentarme. Tengo que pensar. No, no, será mejor que no… ¡oh, no! –dijo, agarrándose la cabeza con las manos–. Johnny *tiene* que convertirse en caballero. Él *tiene* que ser el número uno.

Duke levantó la mirada suplicante.

—Dime que seguirá mis pasos, y los de mi padre, y los de mi abuelo antes que él. ¡Max, por favor! ¡Dímelo!

Siendo un pájaro muy listo (y bien entrenado), Maxine sabía qué hacer.

—¡Rápido, Duke, di a tus pensamientos retorcidos que se detengan!

Duke lanzó la mano hacia delante y gritó:

—¡BASTA! ¡BASTA YA!

Y luego, se encogió de vergüenza ante el sonido de su voz, reverberando en el silencio. Respiró profunda y pausadamente, y Maxine le ayudó a sacar unos cuantos pensamientos rectos nuevos.

—*Preferiría* intensamente que Johnny se convirtiera en un caballero, pero esto no *tiene* por qué ser así. Si no es así, no lo consideraré tremendo o terrible, y podré soportarlo. Me niego absolutamente a venirme abajo por esto. ¡Y me niego a volver a ser como ese tercer padre!

Duke jadeó, sin aliento.

—¡Uf! Estuvo cerca, Max. ¡Es estupendo que tenga un período de gracia!

—¿Ves? Tus clases están funcionando ya, y no has hecho más que tocar la superficie de su poder. Ahora, sigue adelante. Se está haciendo tarde y hay una agradable zona de descanso cerca. ¿La ves?

Maxine aleteó y despegó del hombro de Duke.

—Ya es hora de que haga una carrera de prueba.

Duke vio cómo el azulejo aleteaba más y más rápido, ganando altitud brevemente, para después descender bruscamente, manteniéndose difícilmente en el aire. Finalmente, hizo un aterrizaje forzoso sobre un banco de piedra, en la entrada de la zona de descanso. Duke fue corriendo hasta ella.

—Tengo las alas mejor, pero aún están un poco atascadas —gritó Maxine, sin poder recobrar aún la compostura.

Duke se derrumbó junto a ella, reprimiendo una sonrisa. Maxine se recompuso.

—Este banco es duro porque está hecho de piedra, y la naturaleza de la piedra es ser dura. Las estrellas brillan porque está en su naturaleza. Tanto si puedes verlas brillar como si no, tanto si crees que deben brillar como si exiges que no brillen, ellas no dejan de hacer aquello para lo que fueron hechas: expresar su naturaleza. Pretender que la gente cambie su naturaleza es casi tan inútil como pretender que la piedra y las estrellas cambien las suyas.

Duke sintió un nudo tan grande en la garganta que dudó si podría hacer pasar la voz a través de ella.

—¿Estás queriendo decir que es inútil intentar que Johnny cambie?

Maxine le miró compasivamente.

—Bueno, durante años, el chico ha intentado con todas sus fuerzas ser bueno en esgrima y en lanzamiento de jabalina, y ha intentado disfrutar de los relatos de héroes, pero quizás su naturaleza sea mejor para el ajedrez, o que prefiera la lectura. Por mucho que lo intenten, las personas no suelen poder cambiar sus tendencias naturales básicas. Las cosas son así. La piedra es dura, las estrellas brillan.

—¿Cómo, Max? –gimió Duke–. ¿Cómo se acepta lo inaceptable?

—Desarrollando la serenidad suficiente para ser capaz de hacerlo, decidirse a hacerlo y esforzarse por hacerlo.

—¿Quieres decir que he de *tener* la serenidad para *conseguir* la serenidad? ¿Cómo se puede hacer eso? Es como ese viejo acertijo: ¿Qué fue primero, el huevo o la gallina?

—Puedes hacerlo haciendo justo lo que has estado haciendo: calmarte mediante un pensamiento recto, asumiendo un nuevo punto de vista de las cosas y utilizando tus ABC para introducir la aceptación en tu corazón y hacerla parte de ti. Ya sabes, mucha gente pide ayuda como la pediste tú bajo aquel árbol.

Duke afirmó lentamente con la cabeza, mientras las lágrimas fluían por sus ojos.

—La piedra es dura y las estrellas brillan, y supongo que mi hijo no puede ser yo. No está en su naturaleza. Él no es un Johnny. Nunca fue un Johnny. Y, probablemente, nunca lo será. Él es un Jona... un Jonath... ¡oh, qué voy a hacer! Ni siquiera puedo decirlo. ¿Cómo voy a estar preparado para mañana?

Un pensamiento resplandeció en medio de la oscuridad en la cabeza de Duke.

—Cuando Allie y Cindy intentaron conseguir que yo cambiara, les dije que yo soy el que soy. De modo que yo tenía razón, ¿no? Y ellas se negaron a aceptar mi naturaleza, ¿no?

—No, Duke. No era a tu naturaleza a la que ponían objeciones, sino a tu actitud y al modo en que te comportabas. No te estaban pidiendo que cambiaras aquello en lo que, de forma natural, eres bueno, o aquello que disfrutas haciendo. No dijeron que debías cambiar toda tu personalidad, las cosas que hacen de ti lo que eres.

—¡MAX! ¡BASTA, BASTA! –gritó Duke, moviendo frenéticamente los brazos–. ¡Tú no puedes decir debí… debí… la palabra de la D! Tú debí… debí… la palabra de la D… saberlo. Nos vas a meter en un problema terrible. ¡Oh, no! Dije terri… terri…

Maxine no pudo evitar reírse hasta la hilaridad viendo a Duke aleteando como un pájaro.

—¿Qué tiene de divertido, Max? –preguntó Duke poniéndose a la defensiva.

—¡Oh, simplemente apretaste mi botón de la risa tonta, eso es todo! –bromeó, cayendo de espaldas sobre el banco.

—Lo… lo siento –respondió nervioso–. No pretendía… ¡Eh! ¿Es que acaso hay un botón de la risa tonta?

Maxine intentó responder, pero todo lo que salía de su pico eran risitas, algo que le hacía reír aún más. Rió y rió, dando vueltas sobre la espalda hasta que cayó del banco al suelo.

Asombrado, Duke miró por encima del borde del asiento. Maxine estaba sobre la hierba, riendo y dando vueltas todavía con silvestre abandono.

—Ya veo por qué te llaman el Azulejo de la Felicidad –dijo él, levantando la voz por encima de su divertido piar–. O bien tu título te encaja sorprendentemente bien, o es que hay un bar de jugos por aquí y yo no me había enterado.

Riendo aún un poco, Maxine se puso sobre sus pies y ahuecó las plumas.

—Hay más de una forma de achisparse, Duke. Hace mucho tiempo, descubrí lo importante que es reír, especialmente cuando la vida te pone a prueba. Podrías intentarlo algún día.

«Para ser un pájaro tan listo, a veces se comporta de forma un poco tonta», pensó Duke.

—Ahora que has terminado de reírte, ¿podrías decirme por qué dices esa palabra de la D que se supone no hemos de decir?

—Claro. Se me permite utilizar palabras de pensamientos retorcidos ilícitos con fines docentes. De hecho, a ti también se te permite utilizarlas, por el bien de la discusión. Después de todo, estás en este país para aprender.

Mientras el sol bajaba en el cielo, Maxine llevó a Duke hasta un árbol cercano. Bajo él, había un tentador lecho de hojas y una cesta llena de bollos y de suculentas frutas y verduras. Duke se precipitó sobre la cesta y agarró una pera dorada que había encima.

—¿De dónde ha salido la cesta? —preguntó dándole un gran bocado a la pera y sentándose sobre el lecho de hojas.

—El Sendero de la Serenidad proporciona muchas clases de alimento.

Duke decidió que comer sería mucho más satisfactorio que intentar averiguar lo que significaba la respuesta de Maxine, de modo que dejó ir el tema y tomó un bollo. Comió con entusiasmo mientras Maxine picoteaba por entre las briznas de hierba, buscando su sustento habitual.

Cuando se hubieron hartado, Maxine sugirió a Duke que trabajara sobre sus nuevos pensamientos rectos antes de oscurecer. Duke abrió su cartera, sacó la pluma y el libro de lecciones para el corazón, y pasó las hojas hasta llegar a la lista que se había copiado en la escuela hogar. Añadió los nuevos pensamientos rectos que se le habían ocurrido antes y los que Maxine le había ayudado a plantearse. Después, leyó en voz alta toda la lista, repitiendo cada pensamiento varias veces, mientras Maxine le decía:

—Con más fuerza, con más fuerza. Pon sentimiento en ello. ¡Convénceme, convéncete, convence al mundo de lo que estás diciendo!

Cuando Duke terminó, Maxine silbó y aplaudió con las alas.

—Muy bien, Duke. Ahora, tengo algo que darte. Vuelvo enseguida.

Duke volvió a meter el libro y la pluma en su cartera y, poco después, Maxine regresó con algo en el pico. Era una hermosa piedra plateada.

—¿Para qué es eso? —preguntó Duke, mientras Maxine ponía la piedra en la mano.

—Es una herramienta de héroe.

Duke le dio varias vueltas al objeto.

—Muy ingeniosa, Max. La piedra es dura, y brilla como las estrellas.

—Sí, las cosas son como son, y las personas son como son. Lo que es, es; y lo que fue, fue. Bien, es hora de dormir.

Y, señalando a las ramas que se desplegaban sobre sus cabezas, dijo:

—Mi lecho de hojas está ahí arriba.

Duke miró a las ramas.

—Max, ¿te has caído alguna vez de un árbol mientras dormías?

Maxine se echó a reír.

—Venga, Duke. ¿Cuándo fue la última vez que viste a un pájaro caer de un árbol?

—Pero, ¿cómo te aguantas ahí arriba?

—Sobre un pié, evidentemente.

—¿Un pié? ¿Duermes sobre un pié?

—Sí. Yo prefiero el izquierdo. La mayoría de los pájaros prefieren el izquierdo, aunque hay unos cuantos pájaros diestros.

—No lo entiendo. Ya era difícil de creer que con *dos* pies puedas aguantarte allí arriba. ¿Cómo puedes mantenerte con *uno?*

—Fácil. Tengo un sistema de anclaje incorporado a prueba de fallos, un obsequio del universo –dijo ella, disponiendo sus alas para el vuelo.

—¡Espera! No te vayas aún. Siempre me he estado preguntando acerca de esto.

—No te preguntes más. Es automático. Yo escojo el sitio que más me gusta, me agacho, me aferro con la pata y la bloqueo. Ya está. Que duermas bien, Duke. Hasta mañana.

Maxine se elevó, descendió un poco y, luego, volvió a elevarse hasta desaparecer entre las ramas del árbol.

Duke movió la cabeza incrédulo.

—Escoge el sitio que más le gusta, se agacha, se aferra con la pata y la bloquea. Ya está. ¡Sorprendente!

Una vez a solas, pasaron por la mente de Duke las imágenes del dragón, el abuelo de todos los dragones, acechando en el crepúsculo. Le recorrió un escalofrío y, nervioso, miró a su alrededor. Después, satisfecho de estar a salvo de momento, se deslizó por entre las hojas. Como siempre, se sintió extraño y vacío al no sentir a Prince junto a él.

—La piedra es dura y las estrellas brillan –murmuró, apretando la piedra contra su pecho, como intentando forzar a la idea a entrar en su corazón–. Las cosas son como son y la gente es como es. Lo que es, es; y lo que fue, fue.

Mientras caía la noche, sus pensamientos derivaron hacia todas las veces en que, aquel día, había roto la ley del país, mientras se esforzaba por reemplazar sus pensamientos retorcidos por otros rectos. Ojalá hubiera sido más largo el período de gracia. Se lamentó tristemente, y sintió miedo al pensar que quizás su corazón nunca llegara a aligerar de peso. Sólo *tenía* que introducir la aceptación en su corazón y hacerla parte de él. Después, recordó: ¡no *tengo ques*! Él simplemente *quería* eso, de verdad, de verdad, *quería* eso… y pronto.

Levantó los ojos hacia el cielo azabache, centelleante de estrellas, y se dio cuenta de que la piedra no era lo único que había adquirido un nuevo significado. Allí estaban ellas, brillantes motitas de maravilla en la vasta oscuridad, haciendo audazmente aquello para lo que habían sido hechas.

—Por favor —susurró con angustia—, dadme la serenidad que necesito para aceptar todo aquello que no puedo cambiar.

Capítulo Nueve

Un avance detenido

A la mañana siguiente, tras un ligero desayuno, Duke tomó una manzana y un par de zanahorias de la cesta y las metió en su cartera. No queriendo tener migajas por todas partes alrededor de las herramientas de héroe, pensó que sería mejor no tomar ninguno de los bollos que habían quedado. Se puso en pie con esfuerzo, se puso la cartera al hombro y llamó a Maxine.

—¡Ups! Me he quedado dormida —fue la respuesta—. Bajo enseguida.

Poco después, Maxine bajó de las ramas en caída libre. Duke contuvo el aliento, temiendo que se estrellara contra el suelo, pero en el último momento abrió las alas a modo de paracaídas y aleteó enloquecidamente, evitando quedarse clavada en el suelo. Subió y subió, en círculo y, después, planeó suavemente hasta posarse en el suelo.

—Lo siento, no pretendía asustarte —dijo ahuecando las plumas—. No pude resistirme. Quizás haya perdido la competición con los colibríes, pero no he dejado de salir adelante. He aprendido un gran estilo de aleteo. ¿No te parece?

—¿Así es como lo ves tú? –preguntó él–. ¿Que has salido adelante aún habiendo perdido?

—Sí. Ninguna experiencia se desperdicia del todo si aprendes algo de ella.

Duke se puso en camino de nuevo, mientras Maxine caminaba a saltitos junto a él.

—Muchas de mis experiencias me parecen desperdiciadas –se lamentó Duke–, y no quiero que este viaje termine del mismo modo. No lo voy a permitir. He estado pensando con rectitud desde que me levanté, incluso acerca de mi hijo. Acepto que no es un Johnny. Nunca lo fue y, probablemente, nunca lo será. Es un J-J-Jonathan. ¡Vaya! ¡Lo dije!

Maxine se detuvo y se quedó mirándole.

—¿No me has oído? –preguntó Duke–. ¿Qué pasa?

—¿Qué más te dijiste? A ti mismo, quiero decir. En lo más profundo. Los pensamientos ocultos tras los pensamientos que sabes que tenías.

Duke se quedó mirando al suelo y suspiró.

—Bueno, yo…

De pronto, se oyó un silbido estridente, una vez… dos veces… tres veces.

—¿Qué es eso? –preguntó.

—Duke, quiero que te prepares para…

—¡Se oyen cascos de caballos y un carro! ¡Doc debe de haber encontrado mi carro dragón y me lo envía! Espero que Prince esté en él. ¡Le echo mucho de menos! Es de gran ayuda con los dragones cuando aparecen.

—No creo…

—¡Sí, debe de ser el carro! ¡Mira! ¡Ahí llega!

—No, Duke…

—¡Eh! Ésos no son mis corceles... y ése no es mi carro tampoco.

Un carro blanco y negro, tirado por caballos negros, llegó apresuradamente hasta Duke y Maxine, cesando en su estruendo al detenerse. En uno de los lados del carro, había lo que parecía una insignia oficial dorada, y las palabras *Departamento de Policía de la Serenidad*. Dos agentes, con uniformes negros, grandes botones de latón y gorros negros, salieron del carro y apresaron a Duke.

Uno de los agentes dijo con aire severo:

—Duke el Caballero, queda detenido por romper la ley del país. Todo lo que diga será utilizado en su contra ante un tribunal. Por favor, venga con nosotros.

—¡Eh! –gritó Duke, intentando liberar sus brazos mientras los dos agentes lo llevaban casi a rastras hacia el carro–. No voy a ninguna parte con ustedes. ¡No he hecho nada! ¡Déjenme ir! ¡Eh! ¡Cuidado! ¡Me han birlado la cartera! ¡Max, Max, haz algo!

—Iré contigo. En este momento es lo único que puedo hacer.

—¡Esto no es justo! ¡No dije nada!

—Ya te lo dije, el pensar también cuenta –le recordó Maxine, mientras se metía volando en el carro.

Duke rabió y protestó, pero no le sirvió de nada. Los agentes lo metieron en el carro y se lo llevaron.

—¿Por qué se me castiga cuando sólo estoy aprendiendo? –le preguntó a Maxine, mientras el carro daba saltos por el Sendero de la Serenidad–. ¿Acaso no saben que puedo pensar con rectitud? Lo demostraré. No voy a decir que no puedan hacerme esto a mí, que no es justo, o que es tremendo, terrible o cualquier otra cosa. Diré que es lamentable (muy lamentable), y que preferiría (lo preferiría mucho, mucho, lo preferiría enormemente) que esto no estuviera sucediendo –dijo, apretando los puños hasta volverlos blancos, hablando cada vez más fuerte–. Ves, puedo decir las cosas correctas. ¿Por qué no detienen este carro?

—Porque tienes los nudillos blancos –dijo Maxine.

—¿Y qué importancia tiene el color de mis nudillos? –preguntó Duke exasperado.

—Los nudillos blancos demuestran que no estás aceptando lo que es, que te estás obligando a decir cosas que no crees y que te enfadan. No has aceptado las cosas que dices aceptar, y con eso has desobedecido la ley del país.

—¡No me estoy poniendo los nudillos blancos! Estoy fingiendo creer, como me dijo Willie que hiciera. ¿Y qué hacen ellos? ¡Ellos me detienen y me arrastran como a un criminal común!

—Ésa es una manera de verlo.

«Una manera de verlo. Una manera de verlo.» Las palabras se arremolinaban en la cabeza de Duke.

Después, se acordó.

—¡BASTA, BASTA, BASTA! –gritó ante sus pensamientos retorcidos.

Respiró profundamente, una y otra vez, hasta murmurar con frenesí:

—¿Qué se supone que he de hacer? Veamos. Tengo que pensar en mi pensamiento. ¡Sí, eso es! No es sorprendente que esté tan disgustado. De acuerdo. De acuerdo. Contrólate, Duke. Esto no es tan tremendo. No es tan terrible. Pu… puedo sobrevivir a esto. Yo puedo.

—¡DUKE! ¡DUKE! –gritó Maxine.

—¡QUÉ! ¡QUÉ! Estoy muy ocupado, Max.

—Un poco demasiado ocupado, pero estás cogiéndole el tranquillo.

—¿De verdad?

—Sí. Después de todo, éste ha sido tu primer autorrescate de emergencia a solas. Esta vez no he saltado en tu ayuda.

—Sí, es cierto, no lo hiciste. Bueno, entonces, supongo que no lo hice tan mal. Aún así, estoy preocupado por lo que me va a suceder a mí ahora. Nunca en mi vida he sido detenido. ¿Me están llevando a prisión?

—Las únicas prisiones en el País de la Serenidad son las que las personas se construyen para sí mismas.

—Sé mucho de eso —dijo Duke, sintiéndose repentinamente triste, al recordar la imagen del corazón prisionero y lloroso de su libro—. ¿Se me hará un historial delictivo?

—No un historial policial —respondió Maxine—. Tan sólo un historial en los anales del tiempo, donde se registran todas las cosas.

—Me gustaría saber por qué está sucediendo esto.

—No siempre sabemos por qué suceden las cosas, pero esto es parte de tu viaje.

Duke puso los ojos en blanco.

—Es obvio.

—Has sido detenido por la Policía de la Serenidad. Ése es el hecho. Y no hay nada que puedas hacer para cambiarlo. También podrías relajarte y disfrutar del paisaje.

—Y yo que pensé que charlar contigo me haría sentir mejor —gruñó.

—Es tu *propia* charla la que puede hacer que te sientas mejor, Duke, ¿recuerdas?

—Lo sé, lo sé —dijo él resignado—. La piedra es dura y las estrellas brillan. Estoy intentando ver todo esto de otra forma.

—¿Por qué no lo intentas con tus gafas de la Nueva Visión?

—¿Crees que servirá? Pensé que eran sólo para luchar con el dragón.

—No todos los dragones son visibles. Puedes utilizar las herramientas cada vez que las necesites.

—Es escalofriante pensar que pueda haber dragones alrededor y que no pueda verlos, pero no creo que éste sea un buen momento para hablar de ello –dijo Duke, buscando en su cartera hasta encontrar las gafas–. Ya tengo demasiados problemas.

Duke se puso las gafas e, inmediatamente, recordó cómo se había sentido una vez respecto a la escuela hogar, a los ABC y a Willie.

—¡Sí que funcionan! –exclamó.

Y volvió de nuevo a su bolsa para buscar su piedra y su palo de pensamientos rectos. Poco después, su rostro resplandecía.

—¿Este paseo en carro nos evitará tener que hacer a pie todo este trecho?

—Estupendo. Estás empezando a ver el lado positivo de tu última adversidad.

El carro vino a detenerse frente a un edificio hecho enteramente de piedras naturales de color tierra de diversas formas y tamaños, y formaban un patrón distinto a cuanto Duke hubiera visto jamás. Una amplia escalinata, flanqueada por majestuosas columnas, ascendía hasta la entrada.

—¿Dónde estamos? –preguntó Duke asombrado, quitándose las gafas y devolviéndolas, junto con la piedra y el palo, a su cartera.

—Estamos precisamente donde necesitas estar para aligerar tu corazón –respondió Maxine.

Pero, antes de que Duke pudiera preguntar qué quería decir con aquello, los agentes le tomaron por los brazos y le ayudaron a salir del carro. Le llevaron hasta los pies de la escalinata, mientras Maxine le acompañaba en su vuelo.

Frunciendo el ceño, Duke observó la larga escalinata.

—¿Crees que, sea quien sea el que dirija este lugar, sabe que las personas que tienen pesadumbre de corazón van a tener problemas para subir todos estos escalones?

—¡Duke! –le advirtió Maxine.

—Me parece que me he quitado mis herramientas de héroe demasiado pronto. Ya lo sé, la escalinata está aquí y no hay nada que yo pueda hacer al respecto. Convendrá que la acepte y empiece a subir.

Duke comenzó a subir escalones, dejando atrás a los agentes; pero, mientras iba subiendo, pensó algo que le asustó:

—¿Y qué hay del dragón? ¿Es aquí donde tengo que matarlo? Me refiero a que se me va a castigar, y tú has dicho que aquí no hay prisiones normales.

—Luchar con el dragón que vive en este sendero no es un castigo. Es un rito de paso –respondió Maxine, volando a su lado.

—¿Un qué?

—Ya lo verás.

Duke sacudió la cabeza.

—Detesto que digas eso.

Capítulo Diez

El Universo contra Duke el Caballero

Al término de las escalinatas, junto a las dos grandes puertas de la entrada, había una señal que decía:

TRIBUNAL SUPREMO
DEL PAÍS DE LA SERENIDAD

—¡Tribunal! –espetó Duke–. ¿Tengo que enfrentarme a un juicio? ¿Qué van a hacer conmigo?

—Nada, comparado con lo que tú te has hecho ya a ti mismo –explicó Maxine–. Pero no te preocupes. Yo estaré contigo.

Dándose cuenta de que no valía de nada intentar conseguir una respuesta de su plumosa amiga, Duke respiró profundamente y abrió la puerta.

La sala tenía el aspecto de cualquier sala de tribunal, salvo por el hecho de que no tenía techo, lo cual resultaba ciertamente extraño. Una gran insignia dorada, como la que llevaba el carro de la policía, colgaba prominentemente en la pared del fondo. Delante de ella, había una plataforma sobre la que se apoyaba un enorme escritorio y un asiento con todo el aspecto de un trono.

Maxine llevó a Duke a través de la tribuna hasta un asiento en la primera fila, tras una larga mesa de madera.

—¿Vas a ser mi abogada? —preguntó él mientras se sentaba.

—No. Tú defenderás tu propia causa —respondió ella, aterrizando sobre su hombro.

La cabeza de Duke iba de aquí para allá y de allá para aquí. Tenía que pensar. Tenía que prepararse. Pero no sabía para qué prepararse ni qué pensar. Entonces, se dio cuenta de que probablemente no iba a importar lo que pudiera decir. Era culpable, y eso era todo.

La puerta del despacho del juez se abrió y entró en la sala un fornido oso negro. Atravesó pesadamente la plataforma hasta situarse de frente a la sala y se quedó mirando a la muchedumbre de dos.

Hinchó el pecho y, con una voz ronca, dijo:

—Todos en pie. Se abre la sesión del Tribunal Supremo del País de la Serenidad en y para el Condado de la Aceptación. Preside el honorable Merlín el Mago.

Duke no se podía creer lo que estaba sucediendo.

—¡Merlín como juez! ¡Un oso como alguacil! ¡Esto es ridículo!

Maxine le hizo callar.

—Levántate, o se te acusará de desacato ante el tribunal.

Duke se levantó atropelladamente de su asiento (lo mejor que se puede levantar un hombre con una pesadumbre de corazón Tipo II, con una cartera en el regazo y un pájaro en el hombro) y se cuadró. Maxine hizo lo mismo.

Justo en ese mismo instante, la puerta se abrió de nuevo y apareció el famoso sabio Merlín, con barba gris y una amplia túnica blanca. Ardillas, conejos y pájaros le rodeaban. Con un vuelo de su túnica, Merlín se sentó en la gran silla, mientras los animales corretearon, se escabulleron y se pusieron dando brincos en los asientos de la tribuna que había detrás de Duke y Maxine, y permanecieron de pie.

La voz profunda del alguacil sonó de nuevo:

—Todas las partes que tengan algún asunto ante este tribunal, que den un paso al frente, por favor.

—Eso va por nosotros –dijo Maxine.

Y, señalando a la larga mesa de madera, dijo:

—Ve hasta la mesa de la defensa.

—El resto de partes se pueden sentar –prosiguió el alguacil.

Los animales se acomodaron en sus asientos y se hizo el silencio en la sala. El alguacil anunció:

—El Universo contra Duke el Caballero.

—¡El universo contra mí! ¡Eso no puede ir en serio!

—Shh, shh –le instó Maxine–. Tú sabes cómo manejar esto. Cállate y piensa en tu pensamiento.

Mientras Merlín pasaba las páginas del archivo del caso, Duke pensaba en su pensamiento, enderezándolo y calmándose. De repente, se dio cuenta de que el Merlín del que había oído hablar en su infancia estaba allí sentado, delante de él; e, incapaz de reprimir su excitación, saltó:

—Es todo un honor conocer a Su Señoría, Su Señoría. Y estoy realmente encantado de que sea mi juez. Espero no haber hecho nada mal al decir esto.

—Gracias, Duke –dijo Merlín, con un ligero atisbo de sonrisa en los labios.

Merlín se aclaró la garganta y añadió:

—Por favor, comprenda que, a pesar de que soy juez *en* estos procesos, no soy el juez *de* estos procesos, ni controlo tampoco la cantidad de beneficios que usted pueda derivar de ellos. Es usted el que lo hace. Usted es su propio juez y jurado, y usted defiende su propio caso, al igual que lo hace a lo largo de su vida.

Y, golpeando con el mazo, concluyó:

—Demos comienzo a los procedimientos.

—¿Qué procedimientos? –le susurró Duke a Maxine–. Si soy el único que hace algo aquí, ¿qué clase de procedimientos pueden ser?

—Shh –insistió Maxine–. Acepta, no generes expectativas.

Merlín golpeó con el mazo de nuevo.

—Duke el Caballero, se le acusa de romper la Ley del País de la Serenidad. En la mayor parte de los tribunales se le pediría ahora que presentara una declaración de culpabilidad o inocencia.

Duke contuvo el aliento mientras Merlín proseguía.

—Pero, afortunadamente para usted y para todos los que vienen por aquí, nosotros no seguimos este procedimiento. A nosotros no nos interesa el crimen y el castigo, aunque es un buen libro, y se podría decir que es ciertamente interesante.

Por el rostro del mago cruzó una mirada de indecisión.

—¡Oh, vaya! ¿Eso se ha escrito ya? Mmm… bueno, no importa. La cuestión es que usted está aquí para que se le eche una mano, no para condenarle. Puede sentarse.

Duke respiró aliviado.

—¿Echarme una mano para hacer qué, Su Señoría? –preguntó, agradecido de poder sentarse.

Merlín apoyó los brazos sobre el escritorio y se inclinó hacia delante.

—Echarle una mano para que se libere de sus viejas y tercas creencias y hábitos de pensamiento retorcido que vuelven una y otra vez, aún cuando haya intentado repetidamente liberarse de ellos.

—¡Sí, sí! ¡Eso es lo que hizo que me detuvieran! ¿Cómo lo supo? ¿Lo dice en esos papeles que estaba usted mirando?

—Sí, aquí lo dice, y su problema es un problema muy habitual –respondió Merlín–. Aunque una parte de usted lo sabe mejor, otra parte, una profunda voz emocional interior, insiste en que sus viejos pensamientos retorcidos son ciertos.

—Tiene usted razón. Ésa es la voz con la que tengo problemas.

—Estoy convencido de que los tiene –dijo Merlín compasivamente–. Y esa voz no le va a dejar en paz hasta que usted se enfrente a ella con la lógica y la razón.

—¿No es eso lo que he estado haciendo hasta ahora?

—Usted ha estado sustituyendo pensamientos retorcidos por pensamientos rectos. Eso es algo rápido y fácil, y a veces no hace falta nada más. Pero hay pensamientos retorcidos que son tan automáticos y tan tercos, que se precisa de una munición más poderosa para vencer en la batalla contra ellos.

Aquello picó la curiosidad de Duke.

—¿Qué tipo de munición puede combatir los pensamientos que tiene uno en su cabeza?

—Un test seguro que demostrará si sus pensamientos son verdaderamente ciertos y basados en hechos reales, o si son simplemente opiniones que se pueden cambiar.

—¿Un test?

—Sí, uno que utiliza preguntas muy particulares para poner a prueba lo que usted se dice a sí mismo. Es un test muy importante. De hecho, es tan importante que es la D del ABC de las emociones.

Un gemido brotó antes de que Duke pudiera detenerlo.

—Oh, espere, espere –dijo, replanteando rápidamente sus pensamientos–. Si D funciona tan bien como el resto de los ABC, podría aligerar de peso mi corazón. Hay algo, sin embargo... y es que test comienza por T, ¿por qué entonces es la D de los ABC?[5]

—Porque usted cuestiona y pone a prueba sus pensamientos discutiéndolos; y *discutir* comienza por D.[6]

—Y ya tenía usted una palabra por C, ¿verdad? Me enteré de eso en la escuela hogar. Entonces, ¿cómo se hace eso? Me refiero a lo de discutir.

—Se lo mostraré –se ofreció Merlín–. Dígame el principal pensamiento retorcido que ha hecho que le detuvieran.

—¿Se refiere al problema que tengo con mi hijo?

—Le estoy diciendo que me diga el principal pensamiento retorcido con que se engaña al *creer* que tiene un problema con él.

—Bueno, he intentado no creer esto con todas mis fuerzas, pero se me antoja tan verdadero...

—Lo entiendo, hijo –dijo Merlín amablemente–. Ése es el motivo por el cual está usted aquí. Adelante, dígalo.

—Hum, si usted lo dice, Su Señoría, Señor Merlín.

Duke tragó saliva.

—Jonathan *tiene* que ser un caballero.

—¿Por qué *tiene* que serlo? –contestó Merlín.

---

5. Recuérdese que, en inglés, las letras coinciden con las iniciales de los conceptos expresados: A, *Adversity*; B, *Belief*; C, *Consequences*. *(N. del T.)*

6. Dispute, en el original inglés. *(N. del T.)*

—¿Eso es una pregunta muy *particular?*

—Sí, lo es. Responda. Ya verá.

Duke se encogió de hombros.

—Porque es una tradición de nuestra familia.

—¿Y por qué *tiene* que seguir él la tradición de la familia?

—Porque sí. Porque es lo correcto.

—¿Cómo lo sabe? ¿Qué pruebas tiene de que eso es lo correcto?

—¿Qué quiere decir con eso de «pruebas»? Simplemente, *debe* hacerlo. Tiene que hacerlo, eso es todo.

—Bien, entonces, ¿qué evidencias hay para que *deba,* para que tenga que hacerlo? ¿Dónde está escrito eso? ¿Qué ley del universo lo ordena?

—No está escrito en ninguna parte. Quiero decir que no es exactamente una ley. Pero todo el mundo está de acuerdo conmigo. Todos esperan que mi hijo se convierta en caballero, y que sea el mejor. Después de todo, él es mi hijo, es el nieto de mi padre y el bisnieto de mi abuelo…

—Aún cuando sea cierto que todo el mundo estuviera de acuerdo con usted, ¿qué pruebas hay de que todos tienen razón?

La incertidumbre se apoderó de Duke.

—Yo… no sé. Todo el mundo no puede estar equivocado –se detuvo–. Bueno, si lo piensas bien, no todo el mundo piensa que tenga que ser un caballero. *Él* no lo ve así, y tampoco su madre.

Duke suspiró.

—Se lo voy a preguntar otra vez –dijo Merlín con tranquilidad–. Si es cierto que su hijo *debe* necesariamente ser, *tiene* que ser, *ha* de ser, se *supone* que sea un caballero, ¿dónde están las pruebas?

—De acuerdo, me rindo —respondió Duke exasperado—. Parece que no las hay.

—Eso es porque no es un hecho que Jonathan tenga que ser un caballero. No es más que una idea que tiene usted en su cabeza, una idea que él no tiene por qué seguir. ¿Se da usted cuenta ahora de que el mero hecho de creer en algo no lo convierte en verdadero?

—Pero parece tan obvio —insistió Duke—. Es decir, siento que es correcto. Vengo pensando en que sea un caballero desde el mismo momento en que nació.

—Los pensamientos retorcidos son así. Le pueden engañar haciéndole creer que son hechos; y antes de que se dé cuenta estará haciendo exigencias poco realistas que le van a traer un montón de problemas. Quizás usted haya creído siempre que su hijo debe ser un héroe caballero duro y fuerte, pero eso no es más que su opinión, una opinión con la que su hijo y el universo parecen no estar de acuerdo.

—Es ciertamente difícil diferenciar opiniones de hechos —dijo Duke—. Los pensamientos retorcidos parecen muy reales cuando piensas en ellos.

—Sí, pero un hecho es un hecho. Es lógico. Se puede demostrar. Usted, Duke, quizá piense que hace demasiado frío aquí. Y usted, Señor Alguacil, con todo su pelo, quizá piense que se está muy bien. Son verdades válidas para cada uno de ustedes, pero son opiniones, no hechos. El único hecho es que la temperatura es de diecinueve grados. Pueden verificarlo con un simple termómetro.

Duke frunció el entrecejo.

—¿Qué es un termómetro?

—¡Oh, vaya! —dijo Merlín aturrullado—. Creo que he vuelto a meter la pata. ¿Es que todavía no se ha inventado?

Bueno, no importa. Un termómetro es un instrumento que da una medida objetiva. Mide la temperatura.

Duke reflexionó por unos instantes y, luego, el rostro se le iluminó.

—Entonces, la discusión es un termómetro para los pensamientos, ¿no? –dijo, y sacudió la cabeza–. Esto ya es algo. Hasta ahora no he hecho más que decirme cosas perturbadoras que ni siquiera eran ciertas.

—Sí, ¿y qué ha conseguido con todo eso? ¿Le ha dado lo que quería? ¿Le ha hecho feliz, le ha dado salud y tranquilidad? ¿Le ha ayudado a hacer mejor su vida, una vida más plena y satisfactoria?

—¿Bromea? Quiero decir, no, señor, Su Señoría señor. Me ha convertido en un desdichado. Me ha causado pesadumbre de corazón y ha desquiciado mi vida. Eso es lo que los pensamientos retorcidos me han traído.

—Entonces, ¿tiene sentido seguir pensando del modo en que ha estado pensando hasta ahora?

—Bueno… no, no tiene sentido –respondió Duke.

—De acuerdo. Entonces, en vez de eso, ¿qué podría decirse usted a sí mismo acerca de su hijo que le hiciera sentirse mejor y que hiciera mejor su vida?

—Veamos. Tengo que pensar en cómo expresarlo.

—Muy bien –dijo Merlín mientras golpeaba con el mazo–. El tribunal se tomará un breve receso. Le sugiero, Duke, que utilice este tiempo también para digerir lo que hemos hablado y para añadir las nuevas lecciones en su libro.

El mago se levantó y volvió a desaparecer en su despacho. Maxine saltó:

—Lo aprendido no es *todo* lo que hay que digerir aquí.

Y, señalando con un ala, añadió:

—Mira.

Duke se volvió y vio a dos pájaros que ayudaban a varios conejos y ardillas a disponer un surtido de nueces, semillas y bayas. Aunque Duke tenía serias dudas respecto a la observancia de higiene de aquel servicio de hostelería, desechó aquel pensamiento y comió del refrigerio con entusiasmo. Maxine también lo hizo pero, claro está, ella estaba habituada a aquel estilo de alimentación.

Mordisqueando nueces, Duke volvió a su asiento y sacó el libro y la pluma de su cartera. Pensó en lo que había aprendido y tomó notas sobre la verdad, los hechos y las opiniones. Con la ayuda de Maxine, escribió:

LECCIÓN 3

Discutir: la D de los ABC.
Mi termómetro del pensamiento

Test para poner a prueba los pensamientos insistentes que te disgustan haciéndote preguntas particulares:

1. *¿Es cierto este pensamiento? ¿Por qué? ¿Cómo lo sé?*
   ¿Es lógico? ¿Qué pruebas tengo de ello, qué evidencias?
2. *¿Cómo me hace sentir el pensar esto?*
   ¿Hace que me sienta más feliz, más sano, más tranquilo?
3. *¿Cómo actúa en mi vida el hecho de pensar esto?*
   ¿Me permite conseguir lo que quiero?
   ¿Me ayuda a hacer mi vida mejor, más plena
   y satisfactoria?
4. *¿Tiene sentido seguir pensando esto? Si no,*
   ¿qué podría pensar en vez de esto,
   que me funcione mejor?

Después, Duke se esforzó por desarrollar unos cuantos pensamientos rectos acerca de Jonathan. No le resultó fácil hacerlo, con la vieja voz en su cabeza insistiendo que no eran ciertos, pero no se rindió. Cuando terminó, se dejó caer contra el respaldo de su asiento y cerró los ojos, con la cabeza tan llena como el estómago. La visión de unas paredes de piedra le recordaron que lo que fue, fue, y lo que es, es.

La cháchara alrededor de Duke se desvaneció en la distancia y, por un momento, la paz fue suya.

Capítulo Once

La batalla del condado de la Aceptación

—Todos en pie –ordenó el alguacil.

Todos en la sala del tribunal se pusieron en pie.

Acompañado por los suaves movimientos de su túnica, Merlín volvió a la sala del tribunal y tomó asiento.

El alguacil dijo:

—Pueden sentarse. El tribunal reanuda la sesión. Se reanuda el caso del Universo contra Duke el Caballero.

Merlín observó a Duke por un momento antes de hablar.

—Parece que algo le preocupa, Duke. ¿Qué sucede?

—Y si le pregunto… ¿tendremos que discutir de nuevo?

—No *tenemos* por qué hacerlo, pero sería preferible.

—Con el debido respeto, Su Señoría, usted se cree todo esto, ¿no? –comenzó Duke–. Y supongo que yo haría bien en creérmelo también, porque esa voz que tengo en la cabeza ha vuelto de nuevo cuando estaba tomando nota de mis lecciones. No dejaba de insistir en que todo esto no es más que un galimatías, y en que *sería* terrible que mi hijo no se convirtiera en un caballero. Y me decía que me estoy engañando a mí mismo si creo que seré capaz de soportarlo. De modo que, aunque ahora lo entienda mejor, todavía *siento* que sería terrible.

Merlín afirmó con la cabeza.

—No es extraño que le suceda eso –dijo tranquilizadoramente–. Acuérdese que lleva tiempo y mucha práctica el cambiar los antiguos hábitos de pensamiento. Y aún lleva más tiempo que lo que uno *sabe* se convierta en lo que uno *siente*. Las emociones son lentas. Simplemente, siga discutiendo los pensamientos retorcidos, Duke, y su nueva manera de pensar y de sentir surgirán con el tiempo.

—Sí, parece que llevará un tiempo; pero, mientras tanto, me seguirá pareciendo terrible.

—¿Por qué iba a ser terrible?

—Porque… porque no me gustaría.

—Sería lamentable y decepcionante pero, ¿qué pruebas hay de que sería terrible?

—No sé exactamente –dijo Duke un poquito irritado–. Lo sería, eso es todo.

—¡Sin embargo, no hay ninguna prueba, ninguna evidencia, no es correcto!

Duke vaciló.

—Bueno, sí, no está escrito en ninguna parte, ni es una ley del universo, ni es un hecho; pero yo me sigo sintiendo como si fuera terrible.

—El seguir diciéndose eso… ¿cómo hace que se sienta?

—Terriblemente mal. Cuando *pienso* en eso como algo terrible, me *siento* terriblemente mal. Esto sigue siendo cierto, no obstante.

De repente, Merlín dio una palmada en la mesa.

—Sabe, Duke, pensándolo mejor, yo creo que tiene razón. Sería ciertamente terrible, y sin duda tremendo y horroroso.

Probablemente, incluso, peor que eso. ¡De hecho, sería lo peor que se me ocurre pensar! ¡El mal absoluto! Peor que el hecho de que el mundo se viniera abajo. Peor que quedarse atrapado en un glaciar sin una bolsa de agua caliente. Peor que el que alguien inventara una máquina para matar dragones. No se me ocurre cómo se las ingeniará para sobrevivir. Es taaaaaan terrrrrible, que apenas puedo *soportar* hablar de ello.

Merlín fingió que se esforzaba por mantenerse erguido, para luego dejarse caer hacia atrás en su asiento.

—¡Oh, no! No puedo estar *sentado* siquiera, si hablo de esto. Cambiemos de tema, ¡rápido!

Duke estaba aturdido. Le lanzó una mirada interrogativa a Maxine y, luego, volvió a mirar a Merlín.

—Te daré una pista –le dijo Maxine.

Y sin darle tiempo a reaccionar, le dio un tirón en el pelo con el pico.

—¡Eh! ¡Estate quieta, Max! –gritó él intentando apartarla.

—¡Ah! ¡Entonces te parece bien que Merlín te tome el pelo, pero no te parece bien que te lo tome yo! –se burló el azulejo.

Un murmullo de risas apagadas se elevó en la tribuna. Duke miró tras él y vio a los animales en sus hileras retorciéndose de risa, mientras todo un surtido de patas y alas cubrían sus bocas. Cuando se volvió, Merlín mostraba una amplia sonrisa y una mirada divertida de satisfacción en el rostro. Maxine se esforzaba por contener una risita, e incluso el alguacil se tapaba la boca con una de sus zarpas para no dejar ver su sonrisa, una sonrisa que amenazaba con derrumbar su rudo aspecto exterior.

La expectación colgaba en el aire como un fruto maduro, listo para caer del árbol. Duke no estaba seguro de qué hacer con ello.

Incapaz de contenerse ni un instante más, el alguacil empezó a reírse a carcajadas; y Duke, al darse cuenta de pronto de lo que estaba ocurriendo, se echó a reír también. Todo el mundo dejó ir la risa. La tribuna entera saltó alegremente en sus asientos. Maxine reía y reía, revolcándose encima de la mesa, sujetándose el abdomen con las alas, hasta que, finalmente, cayó al suelo.

«Muy propio de ella, –pensó Duke–. Me pregunto cuán a menudo le pasa eso.»

El alguacil, riéndose todavía con ganas, intentó que todo el mundo guardara silencio.

—Orden en la sala. Orden en la sala –dijo atragantándose de risa.

Y todos se pusieron a reír aún con más ganas, hasta que Merlín golpeó con su mazo finalmente. Cuando cesó el clamor, Merlín le preguntó a Duke cómo se sentía.

—Mejor. Alegrarse tiene sus ventajas –respondió Duke, haciéndole un guiño a Maxine–, pero espero que la voz de los pensamientos retorcidos no vuelva otra vez e intente que cambie de opinión.

—Probablemente, volverá –respondió Merlín–. Esa voz lleva demasiado tiempo pensando que es la reina del universo. Usted ha cuestionado su poder, de modo que no le sorprenda si vende cara su vida. Pero usted puede ganar esta batalla, como lo han hecho otros muchos, si no deja de discutir con esa voz de su cabeza que intenta que siga pensando al modo antiguo.

Duke suspiró al pensar en esto.

—Quizá sea ésta la mayor batalla de su vida –prosiguió Merlín, mientras su voz crecía en intensidad–. Pero le traerá las mayores recompensas. Si quiere asumir el control de su corazón y de su vida, va a necesitar una nueva visión, sus nuevos pensamientos, para salir victorioso. ¡Luche hasta la muerte! ¡Hasta la muerte de su vieja visión y sus viejos pensamientos!

Pero el entusiasta grito de guerra de Merlín no entusiasmó a Duke. Una sombra de derrota cruzó el rostro del caballero.

—Hubo un tiempo en que hubiera encarado sin vacilar una buena batalla. Pero ya no es así. Ahora, estoy tan cansado… Mi vida parece una cadena de batallas, una tras otra… por mantener la reputación de mi padre y de mi abuelo, por ser el mejor alumno caballero, el caballero número uno, el héroe de todos. Combatí a un dragón tras otro para salvaguardar mi título, e incluso combatí a mi propio hijo para que siguiera la tradición familiar. Y en este momento sigo con otra batalla: la de arrastrar mi pesado corazón. Y ahora, después de todo eso, no sólo tengo que combatir con un nuevo dragón en este sendero, sino que tengo que combatir también *conmigo mismo*. No sé si me quedarán fuerzas para eso.

Y Duke cruzó los brazos sobre la mesa y enterró su rostro en ellos.

Merlín bajó de la plataforma y se acercó a Duke, y amablemente posó su mano sobre el hombro del caballero.

—Luchar en las batallas inevitables de la vida como si todas fueran una cuestión de vida o muerte puede dejar exhausto a cualquiera. La mayoría de las personas que vienen ante este tribunal están cansadas de batallar. Pero son ellas las que más se benefician de entablar la batalla de todas las batallas contra sus pensamientos retorcidos, pues es la única batalla que puede hacer que todas las demás sean más fáciles, tanto las que se están combatiendo como las que están por venir.

—No sé. No sé –gimió Duke con voz apagada.

—Usted está aprendiendo ya cómo pensar de un modo diferente en las batallas de la vida. Cuando la razón se impone, esas batallas dejan de ser el agotador calvario que suelen ser. Y, felizmente, no todos los pensamientos retorcidos requieren tan largos y arduos combates. Algunos ceden sin grandes esfuerzos. Muchas personas tan agotadas como usted han tenido éxito.

Duke levantó la cabeza.

—¿De verdad?

—Sí –respondió Merlín, sentándose en el borde de la mesa–, y tuvieron que elegir igual que usted: volver atrás y convertirse en una hilera de huellas en retirada, o seguir adelante hasta la victoria, hasta la serenidad y la ligereza de corazón.

Para Duke, la serenidad y la ligereza de corazón le parecían muy lejanas.

—¿Está seguro de que si sigo luchando contra mis pensamientos retorcidos seré capaz de seguir la ley del país y de aceptar todo aquello que no puedo cambiar?

Merlín afirmó con la cabeza.

Duke miró a Maxine pensativo y, después, miró a Merlín. Luchando contra el peso de su corazón, se puso en pie, y volvió a mirar a Maxine antes de volverse para dirigirse a los que estaban en la tribuna.

—Un pájarito me dijo una vez que hacer al principio lo que parece más fácil suele ser más difícil a largo plazo, o algo así. He llegado demasiado lejos para volverme ahora. Además, nunca hasta ahora he dejado de ir a una batalla, aunque sí que huí de una; pero hubo circunstancias atenuantes. De cualquier manera, comencé este camino para encontrar la serenidad, y no parece que vaya a encontrarla con mis viejos pensamientos retorcidos. En verdad necesito liberarme de este pesado corazón, y sigo decidido a conseguirlo.

Merlín estaba complacido.

—Buena decisión, Duke.

Los animales de la tribuna estallaron en graznidos, piares y aclamaciones. El alguacil lanzó su puño al aire.

—Sí, Duke. ¡Hasta la victoria!

—¿Cuándo estaré preparado para partir? –preguntó Duke.

—Cuando la discusión de tus pensamientos te haya ayudado a crear una nueva y más saludable filosofía acerca de Jonathan, una filosofía efectiva de pensamientos rectos. Ésa es la E de los ABC.

—La E, ¿eh? ¿Me puede conceder un poco más de tiempo, Su Señoría?

—¡Claro que sí! Tómese su tiempo.

—Gracias. Y, Su Señoría, señor, yo... tengo algo más que pedirle. ¿Me permite que me dé un paseo y me cruja los nudillos un poquito? Yo... lo necesito de verdad. Pienso mejor así.

Merlín sonrió.

—Cómo no.

Duke se levantó y se puso a pasear arriba y abajo, y a crujirse los nudillos... y se puso también a mascullar entre dientes. Iba de aquí para allá... crac, mascullar, mascullar, crac. Se detuvo a consultar con Maxine y, luego, volvió de nuevo a ir de aquí para allá... crac, mascullar, mascullar, crac.

Finalmente, se detuvo delante de Merlín.

—Bien, Su Señoría. Creo que tengo una filosofía que podría funcionar. Ahí va. No hay motivo alguno por el cual Jonathan *tenga que* ser un caballero, aunque yo preferiría que fuese así. Yo *deseo* que lo sea, pero no lo *necesito*. La idea de que *tenga que* serlo no está escrita en ninguna parte. No es una ley del universo. Sólo es una ley de mi cabeza, que él no tiene por qué seguir. No hay evidencia alguna que la demuestre, de modo que no es verdadera. No es un hecho.

Duke hizo una pausa.

—Ésta es la primera parte. ¿Cómo lo estoy haciendo hasta ahora?

Merlín levantó un pulgar.

—¡Uau! Ahora viene la segunda parte. Seguir creyendo que él tiene que ser un caballero sólo me puede hacer daño. No voy a insistir en ello porque él es él, y porque con esto me disgusto tanto que jamás podré encontrar la serenidad, ni liberarme de la pesadumbre de corazón.

Duke respiró profundamente y continuó. La sala del tribunal estaba en completo silencio, dado que los animales estaban atentos a cada una de sus palabras.

—Espero no estar haciéndolo demasiado largo, pero hay otra parte importante más. Si Jonathan no se convierte en caballero, será lamentable, muy lamentable, pero no será tremendo ni terrible, ni nada exagerado como eso, y seré capaz de soportarlo sin ponerme los nudillos blancos, para que no me detengan nunca más. ¿Qué tal ha estado? —preguntó con orgullo.

Merlín se puso en pie y le estrechó la mano a Duke.

—Enhorabuena, Duke. Parece que haya estado usted pensando recto toda su vida. Ahora, no olvide seguir pensando así cuando los pensamientos retorcidos vuelvan. Parece que ya no es necesario que siga bajo la custodia de Maxine, aunque aún puede acompañarle. Es libre para marcharse.

Un estruendoso aplauso estalló en la tribuna.

—Gracias, Su Señoría –dijo Duke agradecido, sacudiendo arriba y abajo la mano de Merlín–. Ha sido un verdadero honor, Su Señoría, que el gran Merlín el Mago me haya ayudado a pensar recto. Estoy impaciente por contarle esto a los muchachos de la Tienda del Héroe... claro está, si tengo el valor de volver por allí.

—Lo tendrá, si sigue haciendo lo que ha estado haciendo. El saber que uno puede manejar cualquier adversidad que surja le da una fortaleza que nunca hubiera imaginado —le dijo Merlín.

—Creeré en sus palabras –dijo Duke con una sonrisa.

Tomó la cartera, se la colgó de un hombro y le ofreció asiento a Maxine en el otro; y, después, miró hacia arriba.

—Tengo curiosidad por saber algo, Su Señoría, pero no he tenido tiempo para preguntar. ¿Hay alguna razón en particular para que este tribunal no tenga techo?

—Oh, no tiene techo porque, cuando tenemos un juicio nocturno, las estrellas brillan y le recuerdan a la gente lo que es y lo que fue. Y de día, evidentemente, el edificio de piedra, en sí, cumple el mismo propósito.

Duke afirmó con la cabeza.

—Juicio nocturno. Mmm, muy ingenioso.

Se volvió hacia la entrada y, luego, hacia una puerta lateral, sin estar seguro de qué camino tomar.

De repente, apareció otra puerta y abrió su hoja de par en par. Encima de la puerta, había un letrero que decía:

¡CAMINO DE SALIDA, DUKE!

Duke sonrió y se dirigió a la puerta, saludando con la mano, y formando con los dedos la V de la victoria.

Capítulo Doce

El misterio del Pozo Obueno

Mientras Duke proseguía su camino sumergido en sus pensamientos, Maxine volaba de árbol en arbusto, manteniendo el paso y disfrutando del paisaje.

—Estás muy silencioso –dijo el azulejo después de un rato.

—He estado practicando. Luchar con mis pensamientos retorcidos es más difícil que luchar con dragones, pero se está haciendo cada vez más fácil. Todo lo que he aprendido se está poniendo en su sitio.

—Y aún te resultará más fácil. Antes de que te des cuenta, pensar recto se convertirá en un hábito, del mismo modo que se convirtió en un hábito pensar retorcido.

Duke siguió practicando hasta que Maxine le preguntó:

—¿Quieres que juguemos a una cosa?

—Estoy muy ocupado, Max. ¿De qué juego se trata?

—Se llama, *Qué pasaría si.*

—Conozco ese juego. Uno se hace preguntas como, qué pasaría si el cielo se cayera.

—Ésa es la versión que conoce la mayor parte de la gente, pero esta otra es diferente. En ésta, tú imaginas que tu punto de vista acerca de algo es diferente del que tienes en realidad, y entonces compruebas cómo te hace sentir. Vamos te lo enseñaré. ¿Qué pasaría si tú creyeras que Jonathan es un joven fascinante que, debido a que no se te parece en algunas cosas, puede aportar aspectos nuevos e interesantes a tu vida, y que a ti te gusta cómo es él? ¿Te puedes imaginar eso? ¿Qué sucedería?

—Vaya forma de poner a prueba un nuevo punto de vista —replicó Duke con burlón sarcasmo—. Es parecido al simular y actuar *como si,* de Willie.

—Ésa es la idea —le animó ella—. Funciona de verdad. Inténtalo.

Duke le dio vueltas en su cabeza, una y otra vez, a aquel nuevo punto de vista.

—Es extraño —dijo finalmente—. Me he concentrado tanto en no pensar que mi hijo es diferente de mí, que nunca se me había ocurrido que eso pudiera tener un lado bueno. Si hubiera creído eso que dices, yo habría sido feliz y habría sido capaz de valorar a Jonathan. Ahora entiendo por qué Merlín dijo que yo sólo *pensaba* que tenía un problema con mi hijo. No hay ningún problema con él. ¡El problema estaba en mis pensamientos retorcidos!

Maxine daba saltos, arriba y abajo, de emoción.

—¡Sí! ¿Y qué pasaría si tú creyeras que todas tus relaciones con los demás han sido maestras valiosas que te llevaron a partir hacia este venturoso sendero que, de otro modo, jamás habrías emprendido, descubriendo cosas que necesitabas aprender en tu vida? Cuando una puerta se cierra, otra se abre, ya sabes.

—Maestras valiosas y puertas abiertas… Mmm…

La verdad se introdujo poco a poco en la mente de Duke, dejando destellos de paz tras su estela.

Convencida de que Duke necesitaba tiempo y espacio para reflexionar, Maxine se alejó volando, dándose otro pequeño garbeo por el campo.

Ahora, todo tenía perfecto sentido para Duke. Discutió sus pensamientos retorcidos, uno tras otro, venciendo la batalla contra algunos y poniendo distancia obstinadamente con otros.

«Espera un momento, –pensó–. Eso no es más que mi opinión. Puedo tener razón, o puedo estar equivocado. Puedo cambiar de opinión y asumir un nuevo punto de vista.» E insistió una y otra vez. Construyó nuevos pensamientos rectos y los repitió de uno en uno, recordándose a sí mismo que su vieja manera de pensar no funcionaba, que no había hecho otra cosa salvo enterrarle en problemas. Utilizó todo lo que había aprendido para aceptar las cosas que no podía cambiar y, poco a poco, la voz de la razón se hizo más fuerte dentro de él, y la voz de los pensamientos retorcidos se hizo más débil.

De repente, sintió una extraña sensación en el pecho. Pensó que sentía su corazón un poquito más ligero.

—¡Max! ¡Max! ¡Ven! ¡Rápido! –gritó.

Maxine volvió, utilizando su aleteo de colibrí.

—¿Qué pasa, Duke? ¿Estás bien? –jadeó sin aliento.

—¡Es el corazón, Max! ¿Puede haberse hecho más ligero?

—¡Oh, *eso!* –respondió ella aliviada–. Claro. Ése era el motivo para hacer lo que estás haciendo, ¿no? Has estado aceptando las cosas que no puedes cambiar, y… *¡Voilà!* Tu corazón está perdiendo peso, tal como se te prometió.

Duke estaba fuera de sí de alegría.

—¡Está funcionando! ¡Está ocurriendo en este mismo momento, mientras hablo contigo! Es sólo un poco, pero puedo sentirlo con claridad. ¡Doc tenía razón!

La pérdida de peso de su corazón le hizo caminar con más facilidad, y Duke aceleró el paso. No tardaron en llegar a un viejo pozo que se abría junto al sendero. Allí, había una señal que decía: POZO OBUENO

Encantado de encontrar agua, Duke se apresuró en llegar al pozo, agarró la cuerda y dejó caer el cubo.

—Esto no es sólo un viejo pozo, Duke —le dijo Maxine.

—Eso no importa, en tanto en cuanto su agua sea buena para beber.

—Oh, sí, es mucho más que buena.

—¿Qué quieres decir con eso de que es mucho más que buena? —preguntó Duke, sacando el cubo y llenando una taza de metal que había sujeta a él.

—Bebe un poco, lo comprobarás por ti mismo —respondió.

Aquel líquido parecía agua normal, y sabía como agua normal. Pero, después de dar unos cuantos sorbos, Duke comenzó a sentirse un tanto extraño. Miró dentro de la taza.

—¡Eh! ¿Qué es esto?

—¿Cómo te sientes? —preguntó Maxine, controlando la emoción.

—Relajado, pero de una forma divertida. Dime la verdad, Max. ¿Hay alguna clase de jugo en esto?

—No, sólo es agua del Pozo Obueno. De verdad.

—¿Y eso qué es?

—Te daré una pista —dijo ella guiñándole un ojo.

—De acuerdo, pero ten cuidado. La última pista que me diste casi me deja calvo.

Y, efectivamente, Maxine levantó el vuelo y, con el pico, volvió a tirarle del cabello a Duke.

Duke empezó a quejarse pero, luego, cambió de opinión. «Oh, bueno, pensó, ya está Max haciendo de las suyas otra vez, enseñándome las cosas a su manera. Pero, ¿qué es lo que de verdad importa? No creo que me vaya a arrancar muchos cabellos. Y, si me los arrancara, tampoco me iba a quedar calvo. Son sólo unos pocos cabellos.»

Asombrado por su propia reacción, dijo en voz alta:

—¡No me lo puedo creer! ¿Qué está pasando?

Maxine dio un brinco en el aire, abrió las alas y gritó:

—¡Sorpresa! ¡El agua del Pozo Obueno es una herramienta de héroe! Te ayuda a decir «oh, bueno» a cosas ante las cuales no resulta fácil decir «oh, bueno». Funciona muy bien con los pensamientos retorcidos.

—¡Una herramienta de héroe! Pozo Obueno... ¿es así?

—Sí, nada complicado. Simplemente, oh bueno. Cuando las cosas no van del modo que a ti te gustaría, y tú sabes que no puedes cambiarlas, el agua del Pozo Obueno te ayuda a decirte a ti mismo: «Oh, bueno. Las cosas son así a veces. No puedo hacer nada al respecto». Hace más fácil el aceptarlo y seguir adelante. ¿No es maravilloso?

—Lo sería si funcionara realmente con cosas difíciles, como esos pensamientos tercos con los que aún tengo problemas.

—Adelante. Toma otro sorbo y ponla a prueba.

Y así lo hizo Duke. Y, de algún modo, el agua del Pozo Obueno pareció arrastrar y llevarse todos los pensamientos tercos que cruzaban por su cabeza.

—¡Es sorprendente! ¿No se os ha ocurrido vender esto?

Maxine sonrió.

—Todos los que lo prueban dicen lo mismo, pero así no funciona. Es para las personas que emprenden este viaje. ¿Por qué no llenas de agua tu cantimplora, para que puedas disponer de ella más tarde? Te ayudará en lo que queda de camino en este país, para que no vuelvas a transgredir la ley otra vez.

—¿Acaso sabes algo que yo no sé? ¿Qué va a suceder? Y, por favor, Max, no me digas que lo averiguaré a su debido tiempo, o que ya lo veré.

—De acuerdo, no lo haré –dijo ella, simulando que se cerraba la boca con una cremallera.

Duke tomó otro sorbo de agua del Pozo Obueno y se encogió de hombros.

—Oh, bueno –dijo con un tono melodioso–. Quizás sea mejor que no sepa lo que viene después. Será lo que será, será. Mmm, ése sería un buen título para una canción. Veamos, necesito una melodía.

Duke canturreó unos cuantos compases.

—¡Eh! –dijo con la taza en la mano–. ¡Este brebaje me está ganando de verdad! Estoy componiendo canciones, como Doc. ¿Qué tiene el agua de este pozo para que funcione así?

—Es un misterio –respondió Maxine abriendo los ojos–. Un misterio mágico.

Duke se encogió de hombros otra vez.

—Oh, bueno, no tengo por qué saberlo.

Abrió la cartera y sacó la cantimplora; y, después de llenarla de agua, la devolvió a la cartera, para después reiniciar la marcha por el sendero.

Capítulo Trece

El enfrentamiento

En compañía de su nuevo y leal acompañante, Duke prosiguió el difícil Sendero de la Serenidad, atravesando malezas y zarzas, evitando agujeros y rocas, y superando grandes peñascos que se elevaban en mitad del camino.

Emocionado ante la perspectiva de aligerar el peso de su corazón, Duke se esforzó más que nunca en aceptar las cosas que no podía cambiar. De vez en cuando, cambiaba impresiones con Maxine para averiguar si algo en concreto se podía cambiar o no. Discernir lo que podía ser de lo que no podía ser no siempre era tan obvio como parecía, y él no quería cometer más errores.

Y justo cuando pensaba que estaba venciendo en la lucha por aceptar todo lo sucedido con Allie, Jonathan y Cindy, empezaron a aparecer en su cabeza antiguas batallas que aún se estaban librando en lo más profundo de él. Eran batallas de las que Duke no había sido consciente de estar librando aún hasta que salieron por su boca en el tribunal de justicia.

Con la ayuda de Maxine, replanteó sus pensamientos, enderezándolos, y discutió los más tercos, decidido a aceptar el dolor del pasado. Mientras la voz de la razón recorría sus recuerdos, iba recomponiendo el tapiz de su vida.

Y así hasta que sucedió... una vez más.

Esta vez fue inequívoco. El pecho se le elevó. Se sintió más erguido estando de pie, y le resultaba más fácil no irse hacia delante.

—¡Max! ¡Max! ¡Max! –gritó poniéndose la mano en el pecho–. ¡El corazón! ¡El corazón! ¡Está perdiendo peso de nuevo!

—¡Lo sé! ¡Lo sé! –respondió ella con regocijo.

Sintiéndose dispuesto para cualquier cosa que pudiese acaecer y ansiando enfrentarse a ello, Duke preguntó:

—¿Llegaremos pronto al siguiente país? Creo que ya he hecho todo lo que necesitaba hacer aquí. Ciertamente, vivo según la Ley del País de la Serenidad, de verdad que vivo según ella. La pérdida de peso del corazón es prueba de ello.

Luego, abrió los brazos y proclamó:

—¡Acepto totalmente las cosas que no puedo cambiar, y esta vez sé de lo que estoy hablando! Siento profundamente en mi interior el sendero de la aceptación, y viviré según él de aquí en adelante. Juro que ningún pensamiento retorcido que se atreva a ponerse en mi camino me llevará a mal puerto. Una de mis mayores victorias será derrotarlos. ¡Nada puede detenerme ahora!

A Duke le encantó el sonido de estas palabras. Le hacían sentirse invencible y, mientras caminaba, cantaba:

—¡Nada puede detenerme ahora! ¡Nada puede detenerme ahora!

—Excepto yo –dijo una voz grave.

Sobresaltado, Duke se volvió y se vio frente a las enormes patas de un gigantesco y fiero dragón.

—¿Quién eres tú? –preguntó, mientras sentía latir su corazón salvajemente.

—¿Que quién soy? El Dragón de los Pensamientos Retorcidos, naturalmente. Yo creí que, a estas alturas, ibas a reconocerme.

—Tu voz me resulta familiar –respondió Duke.

—Debería resultarte familiar –chasqueó el dragón–. Me has oído en tu cabeza millones de veces.

—Pero… pero si yo no te había visto nunca antes de ahora.

—Me manifiesto en persona en esta ocasión para que te des cuenta de qué va este asunto. Si supieras lo que te conviene, tendrías en cuenta esta advertencia.

Y el dragón bajó la cabeza y se quedó mirando a Duke con una mirada asesina.

—¡Deja de discutir conmigo a todas horas o te voy a freír la piel! –resopló, despidiendo unas cuantas llamas de aspecto cansado.

Duke estaba sorprendido y, de algún modo, aliviado. Nunca había visto un dragón con tan poco poder de fuego.

—¿Eres tú el abuelo de todos los dragones? ¿Aquél al que he estado temiendo todo este tiempo? ¿Qué te ha pasado?

—Es culpa tuya –siseó el dragón–. Tanto discutir y buscar la verdad, las pruebas y las consecuencias, y ese nuevo punto de vista absurdo, me están minando. Pero eso se va a terminar ya, ¿me has oído?

Duke llamó a Maxine, que se mantenía en el aire por encima de su cabeza.

—¡Max! ¡Max! ¡Funciona! ¡Mira lo débil que está el Dragón de los Pensamientos Retorcidos! Difícilmente puede lanzar llamas. Y hasta tiene débil la voz.

—Un contratiempo momentáneo, como mucho –dijo el dragón enfurecido–. Sigo siendo más fuerte que tú, y sé mejor que tú cómo deben ser las cosas o cómo no deben ser. Te he hecho cambiar de opinión en multitud de ocasiones, y estoy aquí para hacerlo de nuevo... ¡y esta vez para siempre!

—No, no lo vas a hacer –le dijo Duke moviendo el dedo delante del dragón–. Ni esta vez ni nunca.

—Tú siempre me has escuchado a mí –insistió el dragón, golpeando el suelo con la cola.

—¡Claro! ¡Y así me ha ido!

—No empieces otra vez con ese estúpido tema de las consecuencias. Vas a terminar escuchándome a mí. Siempre lo has hecho. Así es como tiene que ser.

—¿Cómo lo sabes? ¿Tienes alguna prueba? –preguntó Duke.

—No tengo nada que demostrarte a ti. Tú eres el que está colgado por demostrarlo todo. ¡Yo soy el que manda aquí, y tú tienes que escucharme a mí!

—¡No me digas! ¿Por qué? ¿Qué evidencias tienes? –exigió Duke, pero no esperó la respuesta–. No tienes ninguna, y lo sabes. No es más que tu opinión. Siempre tuviste un montón de opiniones que no hicieron otra cosa que meterme en problemas, como la de que Jonathan tenía que ser caballero, por ejemplo. Pero eso se ha terminado. He vencido ya, al demostrar que no tiene por qué ser un caballero, que eso no va a ser terrible, y que puedo soportarlo perfectamente bien.

—¿Eso crees? –dijo el dragón con una sonrisa de desprecio–. De acuerdo, listillo. Imagínate en la Tienda del Héroe, sentado en el bar de jugos con tus amigotes héroes, escuchando historias de sus heroicos hijos e intentando explicar por qué *tu* hijo no hace nada más varonil que mover una pieza de ajedrez, y por qué le importas un bledo tú y tu tradición familiar por no seguir tus pasos. Podrás decirte a ti mismo cuantas veces quieras que eso no te va a alterar, pero lo hará. ¡Y cuando eso ocurra te darás cuenta de que yo tenía razón!

Imaginar aquello le provocó una sacudida a Duke en lo más profundo. Intentó pensar en su pensamiento, pero estaba hecho un lío, y el dragón siguió profiriendo un río de pensamientos retorcidos, haciéndole más difícil concentrarse. Aunque sabía que era mejor no creer nada de lo que el dragón decía, algo dentro de él empezó a flaquear. Lo mejor que pudo hacer fue seguir allí, en pie, tartamudeando objeciones, mientras intentaba recuperar su capacidad para razonar.

El dragón, aprovechándose de la repentina vulnerabilidad de Duke, le golpeó con más pensamientos retorcidos acerca de Allie y de Cindy. Duke intentó detener al dragón con todas sus fuerzas, pero era más difícil derrotarlo cara a cara. Ver a la bestia en acción era desconcertante y, cuanto mayor era el desconcierto de Duke, menos discutía, más fuerte se hacía la voz del dragón y más grandes se hacían sus llamas.

A Duke se le revolvió el estómago, y se le hizo un nudo en la garganta. Desesperado por recuperar el control, respiró profundamente y lanzó su mano al frente, gritando:

—¡BASTA!

Pero el dragón siguió escupiendo sus retorcidos pensamientos con tanta fuerza y convicción, que se anticipaba a cualquier razonamiento.

Frenéticamente, Duke se tapó los oídos.

—¡BASTA! ¡BASTA! –gritó–. ¡NO PUEDO SOPORTARLO!

—Estás entrando en razón –dijo la criatura triunfalmente.

—¡Déjame en paz!

—Nunca –respondió el dragón con una estruendosa voz que hizo temblar el suelo bajo los pies de Duke.

Duke sabía lo que estaba ocurriendo, pero se sentía incapaz de impedirlo. Efectivamente, el corazón aumentó de peso repentinamente. Sintió pánico y llamó a Maxine, pero no la vio por ninguna parte. Asustado al pensar que le había abandonado, llamó a gritos a Doc, pero el Sabio tampoco respondió.

—Estamos solos tú y yo –le dijo el dragón amenazadoramente.

El aire se erizó con la inconfundible energía que anuncia la inminente arremetida final en toda misión de caballero. Duke la había sentido en centenares de ocasiones. Pero esta vez era diferente. Esta vez, la presa era él.

Los ojos del dragón brillaron con furia.

—¡La próxima vez que te atrevas a decirme que me calle con tus idioteces harás bien en recordar *esto!*

Y, con un ensordecedor resoplido, la bestia disparó unas gigantescas y crepitantes llamas en dirección a Duke.

Automáticamente, Duke echó mano a la espada pero, claro está, no tenía espada. Habría podido usar su atuendo de caballero retardante del fuego, pero tampoco lo llevaba.

—¿Cómo he podido venir en misión sin mis herramientas de héroe? —se recriminó a sí mismo, dando saltos de aquí para allá para evitar las llamas que danzaban a su alrededor.

En aquel momento, se le descolgó del hombro la correa de la cartera y se le quedó colgando del brazo, golpeándole con el vaivén.

—¡Mis nuevas herramientas de héroe! ¡Claro! ¿Cómo me he podido olvidar?

Y con una oleada de energía recobrada, Duke agarró la cartera y corrió sendero abajo para ponerse a cubierto. Se metió tras unos arbustos y se agazapó, hurgando apresuradamente entre sus herramientas de héroe.

Grandes bolas de fuego comenzaron a estallar a su alrededor y, asustado, Duke miró hacia arriba. El dragón le estaba mirando con una sonrisa de desprecio.

—¿Cómo has podido seguirme tan rápido sin que yo te haya oído? —le dijo Duke, preguntándose por qué conversaba así con una bestia que estaba a punto de abrasarle.

—He estado siguiéndote durante años —tronó el dragón—. Es uno de mis mejores trucos.

—Me doy cuenta —respondió Duke—. ¡Pero yo también me he hecho con algunos trucos!

—¿Te refieres a ese montón de trastos a los que les das el nombre de herramientas de héroe? —dijo el dragón, echándose a reír— No me dan miedo. No hacen nada por sí solos, a menos que tú los hagas trabajar. Y tú estás demasiado débil.

—No, no lo estoy. Y sí, sí que hacen cosas. Además, son ciertamente especiales… casi mágicos.

—Sí, claro, son algo grande. Tengo tanto miedo que, si llevara camisa, no me llegaría al cuerpo.

Quizás el dragón no temblara de miedo, pero Duke ciertamente sí... temblaba por los dos. Las dudas se agolpaban en su cabeza. ¿Tendría razón Doc? ¿Aquellas nuevas herramientas de héroe le permitirían de verdad vencer al dragón?

Suponiendo que iba a necesitar cuanta ayuda pudiera recabar, echó todo el contenido de la cartera en el suelo. La mera visión de su libro de lecciones resucitó todo lo que había escrito en sus páginas. Se puso las gafas e, instantáneamente, sus nuevos puntos de vista acerca de Allie, de Jonathan y de Cindy se hicieron claros como el cristal. Tomó el palo que le regalara Willie, y sus pensamientos retorcidos se enderezaron de inmediato. Sorprendido con lo que estaba ocurriendo, abrió rápidamente la cantimplora y tomó un gran trago de agua del Pozo Obueno, y se sintió invadido por aquella sensación de calma que había sentido junto al pozo.

Sintió crecer dentro de él una maravillosa sensación de poder.

—Entonces –dijo el dragón sarcásticamente–, ¿estás planeando noquearme con esa piedra y maniatarme con esa cinta métrica, o es que me vas a someter con ese... ese palito? Oh, y mira esas manoplas. Deben de ser agradables al tacto. ¿Son para que no dejes huellas en la escena del crimen? ¿Qué otras armas letales tienes ahí? ¡Como si me importara!

El dragón echó la cabeza atrás y comenzó a reír de nuevo, esta vez con gran clamor, lanzando gigantescas llamas al cielo.

Duke se puso en pie y, en un arranque de audacia, se quedó mirando fijamente a los ojos al dragón. El dragón le devolvió la mirada sin pestañear. Y, tras unos instantes de tensión, Duke lanzó el ataque más fuerte de pensamientos rectos que hubiera lanzado jamás, utilizando su mejor munición acerca de Allie, Jonathan y Cindy.

El dragón le devolvió el ataque con unos tremendos chorros de pensamientos retorcidos, con su voz más intimidatoria, haciendo puntualizaciones importantes al tiempo que arrojaba llamas gigantescas aquí y allí.

Pero Duke estaba en una forma excepcional. Su asalto fue implacable. Uno a uno cuestionó y derribó los pensamientos retorcidos del dragón y, con cada derrota, el dragón fue debilitándose y empequeñeciéndose, al tiempo que el corazón de Duke se aligeraba cada vez más de su peso. Y cuanto menos peso sentía en su corazón, con más fuerza combatía.

El dragón intentó distraer a Duke lanzando llamas a su alrededor, pero las llamas eran tan pequeñas que Duke no tuvo más que apagarlas con las botas. Sabiendo que estaba perdiendo la batalla, el dragón intentó un nuevo plan de ataque… un asalto directo.

—No me puedes hacer daño –le dijo con la voz resquebrajada–. No eres nada sin mí. Yo soy la parte más fuerte de ti.

—Ya no –respondió Duke pleno de confianza–. *Yo soy* la parte más fuerte, y la verdad está de mi lado. Ése es el motivo por el cual cada vez estás más débil y eres más pequeño. ¿No te das cuenta? Mira tus llamas. Escucha tu voz.

El dragón hizo un último y supremo esfuerzo por combatir, pero esta vez su voz era un susurro, y sus llamas no eran más que centellas.

—Más vale que te rindas –le advirtió Duke–. Deja de jugar a señor del universo, dictaminando lo que debe o no debe ser, lo que tiene que ser, lo que ha de ser, haciendo que las cosas parezcan tremendas y terribles. Nunca supiste qué era lo mejor o lo correcto. No tienes ni la sabiduría ni el poder para gobernar el universo. Nadie los tiene. ¿Es que no te has dado cuenta aún?

—Por supuesto —remarcó el dragón—. Me he dado cuenta de que no eres el facilón que eras. Pero no importa. Al final, te venceré. Puede que hayas ganado esta batalla, pero no has ganado la guerra. Cometerás algún error y, además, te ocurrirán más cosas, ¡y volveré más fuerte que nunca!

Aquel pensamiento hizo que se le secara la boca a Duke, de ahí que tomara otro sorbo de agua del Pozo Obueno.

—Oh, bueno —se descubrió a sí mismo diciendo—, ocurra lo que ocurra, así será. Si has de volver, volverás.

—Otro gallo te cantará en la próxima ocasión, cuando te encuentre desprevenido. Para entonces, estaré descansado, y nada te salvará.

Duke dejó la cantimplora y tomó la piedra brillante que se hallaba en el suelo. La apretó con fuerza; sintió su frescura y se tranquilizó.

—La naturaleza de la piedra es ser dura —dijo—, y la naturaleza de las estrellas es brillar. Tu naturaleza es pensar retorcidamente, y volver, intentar una y otra vez que yo vea las cosas a tu manera. Y harás bien en intentarlo por un motivo u otro, no importa cuál. No puedo cambiar tu naturaleza, ni puedo cambiar del todo tu manera de expresarla. Pero escucha bien esto, Dragón: ¡seré yo el que controle el efecto que tú tengas sobre mí!

El dragón estaba tan furioso como impotente.

—¡No te saldrás con la tuya! —dijo en un susurro a pesar de sus esfuerzos—. ¡La próxima vez te venceré! ¡Dalo por seguro!

—Estaré esperando.

Pero esta vez el dragón estaba tan débil, que le llevó tres intentos desaparecer.

—¡Vencí! –gritó Duke–. ¡La victoria es mía!

De repente, un gran peso le abandonó y se elevó hacia el cielo. Y, con él, se fueron grandes trozos de pesadumbre de corazón. Miró hacia arriba, con los ojos humedecidos por las lágrimas, por el gozo.

—Gracias –murmuró–, gracias por ayudarme a aceptar lo que no puedo cambiar… y por mis nuevas herramientas de héroe.

Capítulo Catorce

El País del Coraje

Por todo alrededor se escuchó la música de un banjo. Duke miró y miró, pero no vio a nadie.

—¡Yu-juu! Aquí –gritó Maxine, moviendo un ala en el aire.

Se encontraba parada sobre un letrero, y Doc estaba junto a ella, con su sombrero de paja, tocando una alegre canción con su banjo.

—¿Dónde estabais? –preguntó Duke por encima de la música–. Pedí la ayuda de ambos. ¿Habéis visto? ¿Habéis visto lo que hice?

Doc respondió con una canción, y Maxine pió sus armonías.

Sí, lo vimos,
contemplamos sobrecogidos,
cómo atizabas al abuelo de los dragones.
Con las herramientas de un héroe
lo redujiste a cero - e...

—Bueno, casi –dijo Doc, interrumpiendo su canción para hacer honor a la verdad.

—¿Hay más? ¡Venga! –dijo Duke.

—No es necesario –respondió Doc–. Pilló usted la idea.

Maxine intervino:

—¡Estamos literalmente sentados sobre otra idea para Duke!

Y la mirada de Duke cayó sobre lo que ponía en el letrero que había bajo sus amigos. Decía:

BIENVENIDO AL PAÍS DEL CORAJE
LA LEY DEL PAÍS:

Cambia las cosas que puedas cambiar

—¡Uau! –exclamó Duke–. ¡No me había dado cuenta! ¡Es el País del Coraje! ¡Llegué al País del Coraje!

Hacía mucho tiempo que Duke no se sentía tan bien. Había derrotado al Dragón de los Pensamientos Retorcidos, tenía el corazón más ligero y ahora entraba en un país que le iba a acercar aún más a esa serenidad perdurable que le ayudaría a recuperar su vida.

Duke se puso a pensar en esta nueva aventura, y leyó varias veces la ley del país.

—Cambia las cosas que puedas cambiar. Mmm… veamos. Son tantas las cosas que no he podido cambiar…

—Y también hubo algunas que pudo cambiar y cambió –añadió Doc con un toque de misterio.

—¿Cambié algo? ¡Oh, sí, claro! Cambié mis puntos de vista y mis pensamientos. Y también cambié mis pensamientos retorcidos y la pesadumbre de mi corazón. Todo eso cuenta, ¿no? ¿Aunque lo hiciera antes de llegar aquí?

—Efectivamente –dijo Doc–. Usted cambió algunas cosas que hacía falta cambiar y que se podían cambiar. De eso mismo es de lo que va esta ley.

—¿Seré detenido en este país si no cambio algo que puedo cambiar y que hace falta cambiar?

—Lo que se detendría sería su avance en el Sendero de la Serenidad.

—Eso no estaría nada bien, pero al menos la policía no me llevaría a la fuerza ante otro tribunal.

Duke reunió sus herramientas de héroe y las volvió a meter en la cartera.

—Supongo que no me valdrá de nada preguntar qué va a suceder ahora.

—Supone bien –respondió Doc.

Y, justo en ese momento, una paloma descendió planeando hasta aterrizar junto a Duke, para ponerse a danzar sobre una pata al ritmo del chachachá (hop-hop-hop-hop-hop), estirando la otra pata en dirección a Duke.

—¡Sebastián! *¡Hola! ¡Hola!*[7] ¡Me has encontrado!

Duke miró interrogativamente a Doc y a Maxine, pero no obtuvo reacción alguna, y luego tomó el mensaje de la pata de Sebastián.

—*Gracias, mi amigo*[8] –dijo, diciendo adiós con la mano mientras la paloma partía.

Desplegó el papel y leyó:

ASOCIACIÓN DE CABALLERO DEL REINO

Notificación de Cambio de Estatus
y Posible Acción Disciplinaria

---

7. En castellano en el original. *(N. del T.)*
8. En castellano en el original *(N. del T.)*

Para Duke el Caballero:

Por la presente, se le notifica que ha perdido su reputación como Caballero Número Uno del País.

La junta directiva ha decidido por unanimidad que Jock el Caballero sea designado sucesor suyo, basándose en su firme y destacada actuación en la posición número dos.

Por otra parte, se está considerando una acción disciplinaria contra usted por las siguientes presuntas infracciones del código ético de Caballero:

1. Por huir de un dragón estando en misión.
2. Por desatender un arma letal (una espada especial).
3. Por conducción temeraria, poniendo en peligro a su fiel camarada y a los caballos.
4. Por abandono de fiel camarada, caballos, carro dragón y herramientas de héroe.
5. Por abuso sobre una propiedad del reino (un roble).
6. Por desaparecer sin presentar el impreso de cambio de domicilio.

Sinceramente suyos,
LA JUNTA DIRECTIVA

Duke estaba tan aturdido que casi le faltaba la respiración. Volvió a leer el mensaje sin podérselo creer y, luego, se desmoronó en el suelo y se puso a gemir como un animal herido. Y se lamentó, y gimió un poco más, inconsciente de nada salvo de la idea de que había arruinado su vida para siempre, de que no era nada ni nadie, tan sólo un desgraciado, un humillado Don Nadie, y que le sería más grato morir que tener que enfrentarse ante cualquiera que le hubiera conocido.

Ante sus ojos flotaban rostros de burla y de desprecio; los rostros de los miembros de la junta directiva, los de la junta disciplinaria, los de los demás miembros de la asociación, que siempre le habían mirado con respeto; y también vio el rostro de Jock, el chico que se había hecho con su título. Los rostros de sus amigos de la Tienda del Héroe, y los de Jonathan y Allie. Y los rostros de los aldeanos, docenas, centenares de ellos, que solían pararse a su paso para aclamarlo.

Entonces, escuchó unas voces en la distancia, lamentándose por encima de sus lamentos, y gimiendo por encima de sus gemidos. Molesto, intentó ignorarlas, pero no pudo.

—¿Qué es eso?

—Tus nuevos vecinos, si es que puedes mantener el ritmo —respondió Maxine.

—¿De qué estás hablando?

—Se lo mostraremos —dijo Doc, mientras Maxine y él tiraban de Duke para que se pusiera en pie—. Vamos a dar un pequeño rodeo.

—¿Un rodeo? —se quejó Duke—. No puedo. No me puedo levantar. No puedo ir a ningún sitio. Ahora, no.

—Seguro que puedes. Vamos —dijo Maxine con cariño, mientras intentaba levantarlo tirando de la manga con el pico—. Puedes gemir y lamentarte por el camino, si eso es todo lo que se te ocurre.

Doc recogió rápidamente su banjo y su sombrero, y precedió a Duke y a Maxine, llevándoles más allá de una señal de desvío que les sacaba del Sendero de la Serenidad para meterles en un sinuoso y polvoriento camino.

Por el camino, Duke intentó calmarse respirando lenta y profundamente, pero no consiguió más que un ataque de tos por culpa del polvo. Se detuvo varias veces para poner la mano delante y decir «¡Basta!», para luego emitir un murmullo ininteligible, y no tardó en rendirse en sus intentos por transformar sus pensamientos retorcidos para sumergirse después en un oscuro silencio.

Tras dejarle un rato con sus pensamientos, Maxine preguntó:

—¿Qué vas a hacer?

—Nada –musitó Duke–. No *puedo* hacer nada.

—¿Y qué hay de todo lo que has aprendido?

—Aprendí que el pasado, pasado está. Se acabó. Me lo fundí. Y no me digas que acepte las cosas que no puedo cambiar. Mi vida es una completa ruina, y no puedo hacer nada al respecto. Soy culpable de todo lo que se me acusa, y he perdido mi título. Lo he perdido todo; todo lo que amaba; todo lo que era; a todos los que quise y todos los que me quisieron. No soy nada. No soy nadie. Soy peor que nada. Soy un recuerdo patético. Un recuerdo estúpido y patético. Sí, un estúpido, eso es lo que soy. ¡Me lo he buscado yo solo! ¡Y no puedo aceptarlo! ¡No puedo aceptar nada! ¡No puedo! ¡No puedo!

Hablando así, Duke hizo su horror tan grande y tan real que se puso a gemir y a lamentarse de nuevo. Y el corazón empezó a pesarle otra vez.

—¿Qué has hecho con tus herramientas de héroe? –insistió Maxine.

—Ni siquiera *ellas* pueden detener esto.

Habría sido un alivio para él dejarse caer de espaldas en el suelo para quedarse allí como un montón de basura de ayer, pero Doc y Maxine le instaron a seguir adelante.

Mientras se acercaban a los lamentos y a los gemidos, pudieron escuchar también algunos alaridos, que se hicieron más y más sonoros hasta que, finalmente, al girar una curva, bajo un cielo nuboso y sombrío, se encontraron con la fuente de tan torturadas voces.

Docenas y docenas de personas se hallaban congregadas dentro del recinto que formaba una valla negra de puntas que se extendía hasta donde alcanzaba la vista. Un deprimente letrero gris colgado entre los dos árboles que flanqueaban la entrada:

Parque comunitario de Villasombría

Había personas de pie, en pequeños grupos; había personas que deambulaban por el recinto. Las había que estaban sentadas en sillas campestres; las había que estaban echadas en hamacas, acurrucadas en chinchorros, o comiendo y bebiendo ante unas mesas de picnic de madera. Casi todos se lamentaban, gemían, lloriqueaban, daban alaridos o hacían de todo un poco. Y los había también que estaban enfurruñados, con el ceño fruncido y la mirada perdida, como si se lamentaran, gimieran, lloriquearan y dieran alaridos en su interior.

—¿Qué pasa aquí? –preguntó Duke elevando la voz por encima del alboroto.

—Es una fiesta de autocompasión –respondió Doc.

—¿Y qué es eso?

—Exactamente lo que parece. Es un grupo de personas de corazón pesaroso que se compadecen de sí mismas, que comparten su desdicha con otras personas de mentalidad similar. Claro está, no todos los habitantes de Villasombría están aquí. Algunos asisten a fiestas de compadecimiento individuales, y algunos se las llevan a la cama, amortiguando sus voces en la almohada. Los hay que sufren en silencio.

Ah, y los hay que se ponen enfermos y acuden al Centro Médico de Villasombría. Si toda la población participara de pleno en esta fiesta, el nivel de ruido sería tan alto en la escala de decibelios que sería ensordecedor.

Duke se acercó y dejó caer la cartera.

—Nunca había visto nada igual —comentó, contemplando la increíble escena que se abría ante él.

Al final, preguntó:

—¿Qué está haciendo aquella gente de allí con esas ruedas? No dan vueltas.

—Sí que las dan —dijo Doc—. Dan vueltas a sus ruedas. Eso es lo que hacen todos, tanto si están sentados delante de una rueda como si no. Es el pasatiempos favorito de la población. Les gusta más que el ping-pong, que era demasiado animado para su gusto.

—Deben tener *alguna* diversión. Por allí hay una fogata.

—Sí —dijo Maxine—, para sentarse alrededor y calentarse y lamentarse toda la noche. A veces, juegan al popular juego de Villasombría de ver quién es el más airado y el más deprimido. Y suelen hacer competiciones y dar premios a los que mejor tremendizan y terribilizan.

Duke se quedó mirando a aquella desdichada masa de humanidad. Los hombros encorvados, los rostros marchitos, los ojos apagados y sin vida.

—Parecen sentirse como yo me siento —dijo Duke, consciente súbitamente de sus propias punzadas de impotencia y desesperanza—. ¿Qué les sucedió a ellos?

—Adversidades de todos los tipos —le explicó Doc—. Unos vivieron sucesos desgraciados. Otros perdieron algo (un amor, un empleo, un hogar), quizás lo perdieron todo. Otros fueron maltratados. Los hay solitarios. Los hay enfermos. Los hay que han sido desdichados durante mucho tiempo por un aspecto u otro de su vida o de las personas de su vida. Los hay que tienen demasiado de esto o demasiado poco de aquello. Otros no quieren lo que tienen y quieren lo que no tienen.

—Eso es cierto –añadió Maxine–. Es como si la mitad de ellos quisieran una pareja y la otra mitad tuvieran una que no quieren.

—Sí –coincidió Doc–, y muchos están enfadados consigo mismos por los errores que han cometido o con las personas que «les hicieron equivocarse», hace quizás veinte, treinta o cuarenta años. Cualquier tipo de problema que se le pueda ocurrir está representado aquí.

—Entonces, ¿se pasan el tiempo lamentándose y exagerando sus problemas?

—Los hay que sí –respondió Doc–. Casi no comen, ni trabajan, ni disponen de energía para hacer nada. Sin embargo, otros muchos están sumamente ocupados, normalmente haciendo cosas que les ayuden a olvidar.

—¿Cosas como qué… además de darle vueltas a sus ruedas?

—Cosas como hincharse a comer, a beber o a trabajar, o irse de tiendas al Centro Comercial de Villasombría.

Duke suspiró.

—Hay cosas tan malas, que pueden hacer que cualquiera se sienta lo suficientemente desdichado como para hacer algo desesperado.

Maxine se posó en su hombro y le dio varios golpecitos con la pata, para recordarle que pensara en sus pensamientos, y Duke corrigió de inmediato:

—Claro está que las cosas, en sí mismas, no pueden hacer que ellos se sientan de una u otra forma o que hagan esto y aquello. A + B = C. Deberían haber aprendido eso en el Sendero de la Serenidad, como hice yo.

—Algunos lo hicieron –dijo Doc–. Sin embargo, cuando se les puso demasiado difícil, se rindieron, al menos por un tiempo. Muchos viajeros del Sendero de la Serenidad dan un paso atrás por cada dos pasos adelante. Éste es uno de sus pasos atrás. Le puede suceder a cualquiera. Sin embargo, si se quedan, eso ya es otra cosa.

—Y también hay personas aquí que no saben nada del sendero o de los ABC –continuó Maxine–. ¿No es así, Doc? Llegan por otros senderos diferentes, convencidos de que terminaron en Villasombría porque la vida les trajo aquí.

—Sí –dijo Doc–, y también se pueden quedar durante años, incluso durante toda su vida.

Duke se tapó los oídos con las manos.

—Tanto lamento, quejido, lloriqueo y alarido le pone los nervios de punta a cualquiera. ¿Cómo pueden soportarlo?

—Los que se quedan terminan acostumbrándose, hasta el punto de parecerles normal –respondió Doc–. Pierden tanta cantidad de tiempo pensando en lo que está mal en su vida, que difícilmente recuerdan lo que está bien. Están absortos en su pequeño mundo, y no piensan en todas esas personas que existen más allá de Villasombría, personas que tienen problemas tan duros o peores que los de ellos, pero que no hacen de la autocompasión la ocupación de su vida.

—¿Se refiere a George, el caballero que se convirtió en presentador deportivo? –dijo Duke, tomando conciencia incómodamente de lo diferente que era él de George en aquel momento.

—Sí –respondió Maxine–, George piensa con mucha rectitud. Tuvo algo mejor que hacer que quedarse por aquí, enfureciéndose y deprimiéndose aún más de lo que estaba. No convirtió su pesadumbre de corazón Tipo I en pesadumbre de corazón Tipo II.

—Estas personas creen que *viven* aquí –dijo Doc–, cuando en realidad *mueren* aquí, un poco más cada día. Ni siquiera se dan cuenta de las puestas de sol, ni escuchan el canto de los pájaros.

—¿Y por qué no se van, simplemente? –preguntó Duke, sabiendo que estaba a un paso de convertirse en uno de ellos.

—Dicen que el corazón les pesa demasiado para poder saltar la valla –respondió Doc.

Duke echó un vistazo a la valla.

—Pero si no es más que una valla de puntas de escasa altura. No debe llevar mucho esfuerzo saltarla. ¿Y por qué no usan la puerta? Podrían abrirla y salir caminando, sin tener que saltar.

—La salida puede parecerle a usted obvia, pero los que están dentro tienen una perspectiva diferente. No siempre ven lo que vemos los que estamos fuera. Para muchos, Villasombría se convierte en su hogar. No les gusta demasiado, pero se acostumbran. Esto la hace confortable, de un modo ciertamente inconfortable.

—¿Y no pueden decirles ustedes cómo salir?

—Lo hacemos –respondió Maxine–. Les decimos que la salida es la misma que el camino para no entrar en un principio: aceptar lo que no puedes cambiar y cambiar lo que sí puedes cambiar. Pero algunos no escuchan. No puedes obligar a la gente a hacer lo que no quieren hacer.

—Desgraciadamente –prosiguió Doc–, los residentes no dejan de atormentarse con las cosas que no pueden cambiar, y no cambian lo que sí que pueden cambiar, aunque son muy desdichados, y con eso suelen empeorar la situación. Aceptan las cosas que necesitan cambiar e intentan cambiar las cosas que necesitan aceptar, agravando sustancialmente sus adversidades. No tienen la sabiduría suficiente para distinguir la diferencia.

—Tal como me siento ahora, podría unirme a ellos fácilmente –dijo Duke con tristeza mientras retumbaba en sus oídos el clamor de la angustia de aquellas gentes.

En aquel momento, la puerta de entrada al recinto se abrió como una invitación.

Duke cayó de rodillas.

—¡No quiero vivir aquí! ¡No quiero ser vecino de ellos! –dijo levantando la cabeza suplicante hacia Doc y Maxine–. ¿Qué tengo que hacer para alejarme de aquí?

—Pensar con rectitud y poner algo de coraje –dijo Doc.

—¿Coraje para hacer qué?

—¿Qué cree *usted?* –preguntó el búho.

En aquel momento, Duke recordó el letrero que había a la entrada del País del Coraje.

—¿Cambiar lo que puedo cambiar?

—¡Exactamente! –exclamó Maxine–. La ley del país.

Duke se sintió frustrado.

—¿No creen que, si pudiera, lo habría cambiado todo ya? ¡Soy una vergüenza! He perdido mi título. Probablemente, me van a llevar ante la junta disciplinaria. ¡Eso no puedo cambiarlo! Y tampoco puedo aceptarlo.

Y, bajando la cabeza avergonzado, dijo:

—Para mí, todo se ha terminado.

—Nunca termina nada hasta que está terminado –respondió Maxine con un tono cariñoso en la voz que a Duke le resultó molesto.

—Lo dice un verdadero azulejo de la felicidad –gruñó mirándola–. Es todo tan horrible, tan espantoso, tan desagradable…

Maxine se encogió y se cubrió la cara con el ala.

—No me mires así, por favor, Max –rogó Duke–. No dije que lo sucedido fuera tremendo o terrible.

—Como si lo hubieras dicho. Sigues diciendo lo mismo que ellos dirían –le respondió señalando con el ala–. Ya lo sabes, no tienes por qué estar aquí más de lo que ellos están, no importa lo que haya sucedido, no importa lo mal que estén las cosas.

—Eso es cierto –coincidió Doc–. Ellos se han rendido a sus pensamientos retorcidos. La cuestión ahora es la siguiente: ¿se va a convertir usted en un nuevo habitante de Villasombría rindiéndose a *sus* pensamientos retorcidos? ¿O los va a enderezar, va a aceptar lo que necesita aceptar, a cambiar lo que necesita cambiar y va a proseguir su viaje?

—Vamos, Duke. No querrás que me reasignen otro caso, ¿no? –intentó engatusarle Maxine.

Los pensamientos se agolpaban en la cabeza de Duke, y el corazón comenzó golpearle de repente, como si estuviera exigiendo que se escucharan sus deseos. Miró hacia la puerta abierta, hacia la desdicha que sería su futuro si no podía alejarse de Villasombría.

Miró la cartera, en el suelo, junto a él. Sumido en sus pensamientos, tomó la cartera y metió la mano dentro. Se puso las gafas de la Nueva Visión y tomó un trago de agua del Pozo Obueno, y después otro. Agarró con fuerza la piedra y el palo en una mano, y abrió su libro de lecciones para el corazón con la otra.

Tras unos instantes, devolvió sus herramientas de héroe a la cartera, se puso en pie con esfuerzo y se colgó la bolsa al hombro.

—No me voy a quedar aquí... en el Parque de los Gemidos, dándole vueltas a mi rueda e hinchándome a lamentos con ellos –anunció.

Doc y Maxine afirmaron con la cabeza.

Duke respiró profundamente.

—Lo pasado, pasado está, y encontraré alguna manera de sobrevivir, aunque todavía no me guste. No sé lo que puedo cambiar, pero estoy dispuesto a volver al Sendero de la Serenidad para averiguarlo.

Maxine daba saltos de alegría.

—¡Muy bien, Duke! –pió–. Tuviste el coraje de comenzar a cambiar algo ya... ¡tu punto de vista! Ahora me gustaría cambiar *mi* punto de vista. Vayámonos de aquí.

Capítulo Quince

Un héroe del montón

Antes de que el cansado caballero del corazón pesaroso y sus emplumados guías llegaran al Sendero de la Serenidad, Doc recibió una llamada de emergencia. El búho le reafirmó a Duke que estaba haciendo grandes progresos, y que Maxine era particularmente entendida en el departamento de coraje y cambio de cosas; y, luego, partió volando.

—¡Duke, Duke! –le llamó Maxine desde las alturas–. Ya casi hemos vuelto al sendero. Lo veo allí delante.

—Que bien. Pero dime, por favor, que no daremos más rodeos –dijo Duke fatigosamente.

Deseando más que nunca la serenidad, Duke aceleró el paso y, aunque caminar tan rápido era particularmente fatigoso para un hombre con un corazón pesado y una cartera, se obligó a mantener el ritmo.

Tan pronto como llegaron al sendero, otra señal les dio la bienvenida:

TODO RECTO AL PUENTE DEL CAMBIO

—¿El Puente del Cambio? ¿Qué es eso? —preguntó Duke, dejándose caer en un banco de madera que había junto a la señal.

Maxine aterrizó a su lado.

—Es un puente que conecta lo que *es* con lo que *será*.

—No quiero tener que pensar en lo que será. Me da pánico volver a casa. Ni siquiera mis lecciones ni mis herramientas de héroe han sido suficientes para cambiar eso. ¿Qué voy a hacer, Max?

—Para empezar, vas a cambiar tu creencia de que no eres nada sin tu título, sin el respeto de tus colegas héroes y sin la adoración de las masas –respondió el azulejo, dándose con el ala en la pata para dar un mayor énfasis.

Una mirada de abatimiento cruzó el rostro de Duke.

—Pero si es verdad –dijo con una voz temblorosa.

—¿Dónde están las pruebas? –preguntó Maxine.

—Oh, claro, hay que discutirlo. Bueno, yo… um, supongo que, técnicamente, no hay ninguna prueba, pero…

—No hay pero que valga –le interrumpió Maxine ahuecando las plumas–. Estás volviendo a pensar retorcido, valorando la totalidad de ti mismo por lo bien o mal que haces las cosas. Conviene que pienses lógicamente a este respecto, Duke. Tú haces muchas cosas; unas son buenas; otras no son tan buenas. Y una misma cosa puede que la hagas bien en una ocasión y mal en otra. Entonces, ¿cómo vas a establecer una opinión de ti mismo, de tu valía total como persona, sobre una o más cosas de las que haces?

—Mmm… Nunca se me ocurrió verlo de esa manera. Pero, ¿no es natural sentirse bien cuando haces algo bien y mal cuando no?

—Evidentemente, pero eso no quiere decir que tú seas una buena o una mala persona debido a eso.

—¿Aunque lo haya echado todo a perder?

—Sí. Tú *no eres* lo que *haces*. Mira, has tenido algunos problemas y has cometido algunos errores. Lo único que demuestra eso es que has tenido algunos problemas y has cometido algunos errores. Eso no demuestra que seas menos valioso de lo que eras antes. Y ser un famoso caballero tampoco te hacía ser *más* valioso antes. Tu valía como ser humano no ha cambiado. Básicamente, es la que es.

—¿Es la que es?

—Sí, todo el mundo tiene problemas alguna vez; hasta las personas más exitosas cometen errores. Las personas son falibles. ¡Vaya cosa! La naturaleza las hizo así. Entonces, ¿qué? Duke, sigues tomándote las cosas demasiado en serio. Creo que te vendría bien beber un poco más de agua del Pozo Obueno –añadió divertida.

—No es que haya tenido algunos problemas y haya cometido algunos errores –dijo Duke mirando a la lejanía y respirando profundamente–. He fallado… en todo.

Maxine le miró de forma inquisitiva.

—¿Es eso realmente cierto?

—Bueno, no existen pruebas. Supongo que estoy exagerando.

—Ése es un buen comienzo. Entonces, pensar de esa manera, ¿cómo hace que te sientas?

—Bastante mal. Pero, aunque no exagerara, sigo habiendo fallado en un montón de cosas.

—Los fracasos conviene entenderlos de un modo diferente al que los entiendes tú, Duke. Los fracasos son maestros disfrazados, maestros que te guían hacia el éxito.

Duke puso los ojos en blanco.

—Oh, sí, mis fracasos me están llevando directamente hacia la escalinata del éxito. Voy a subir tan alto que voy a tener una hemorragia nasal.

Maxine sonrió.

—La percepción lo es todo. Sé que no te crees esto todavía, pero algún día echarás la vista atrás y te darás cuenta de que tus problemas, tus errores y tus fracasos han sido tus mayores maestros.

—¿Y ahora me dices que mis problemas y mis errores son también mis maestros? —dijo Duke arrugando la frente.

—Bueno, te trajeron al Sendero de la Serenidad, que es probablemente lo mejor que te podía haber ocurrido, ¿no? Simplemente, espera y verás cuántas cosas buenas te van a llegar por haber estado en un mal lugar.

Y pensando en todo lo que había aprendido desde que comenzara el sendero, Duke supo que Maxine tenía razón, como solía ocurrir. Y se dio cuenta de que su pequeña acompañante era una de las mejores cosas que habían llegado a su vida por haber estado en un mal lugar.

—De acuerdo, pues si yo discutiera mis pensamientos retorcidos, podría cambiar la forma en que me siento —dijo él finalmente—. Pero, ¿qué pasa con la forma en la que todos los demás se sienten respecto a mí? Me van a juzgar por lo sucedido. ¿Acaso puedo cambiar eso?

—Puede que algunos te juzguen —respondió Maxine con cariño—. Pero, ¿de verdad piensas que todas las personas que te han querido y para las que has sido importante a lo largo de los años te van a menospreciar porque hayas tenido una mala racha? Estás siendo más duro contigo mismo de lo que serán la mayoría de ellos.

—Puede que sí. Puede que no.

—Oh, Duke. Estás concediendo a los demás demasiado poder sobre ti. Quizás te sientas mal si alguno de ellos te menosprecia, pero no puedes basar tus sentimientos hacia ti mismo en lo que otro *piense* más de lo que tú puedes basarlos en lo que *haces*.

—Entonces, ¿en qué *puedo* basarlos? –preguntó Duke sin dejar su frustración.

—En la decisión de considerarte a ti mismo una persona valiosa, a despecho de cualquier inconveniencia, simplemente porque existes y punto –dijo Maxine, extendiendo las alas y ladeando la cabeza–. Es así de simple.

Duke estaba angustiado.

—¿Quieres decir que todo el mundo es igualmente valioso y que no tiene que hacer nada para ganarse esa valía? Eso parece razonable. ¿Y eso no hace a todo el mundo, bueno… del montón?

—Las personas pueden *ser* seres humanos del montón y, aún así, *hacer* cosas extraordinarias. De hecho, muchas personas del montón que viven vidas del montón se comportan de forma heroica. Si el mundo supiera de su heroísmo, las calificarían de héroes y se harían famosas, pero seguirían siendo personas del montón que se comportan de forma heroica. Y lo mismo ocurre con las personas como tú, que tienen la profesión de ser heroicos.

Duke la miró dubitativo.

—Pero todos me aclamaban como un héroe. Yo era famoso.

—La fama no define el heroísmo. Es el coraje el que lo define. A ti te llamaban héroe porque solías conducirte con coraje. Tenías miedo y, sin embargo, hacías lo que era necesario. Y eso es exactamente lo que estás haciendo en este sendero.

—¿Quieres decir que sigo siendo de algún modo un héroe?

—Tú eres lo que eras antes, una persona valiosa que suele conducirse con coraje.

Duke pensó y pensó, intentando averiguar si lo que siempre había creído de sí mismo y de los demás era cierto. Después, pensó con más intensidad en los pensamientos que había tenido acerca de sí mismo desde que su vida se había desquiciado, pensamientos que le habían hecho sentirse indigno. Se hizo todas las preguntas necesarias acerca de la verdad y de los resultados, cuestionando, razonando e intentando cambiar sus pensamientos retorcidos.

—Hay algo en tu cartera que te puede ayudar a dejar de evaluar y medir las cosas que no están hechas para ser medidas —dijo Maxine con suavidad.

Duke tomó la bolsa y sacó la cinta métrica.

—¡Eh, esta cinta no tiene números! ¡Ni siquiera tiene líneas de medida!

—Exactamente –dijo Maxine.

Duke se quedó mirando la cinta en blanco, plenamente consciente de que le estaba esperando una decisión trascendental, una decisión que sabía que tendría efectos a lo largo de toda su vida.

De pronto, se dio cuenta de algo.

—He estado midiéndome a mí mismo desde que tengo uso de razón, intentando demostrar que soy estupendo, que soy bueno, que soy el mejor. Pero nunca más volveré a hacerlo. Estoy cambiando la forma de pensar acerca de mí mismo y de los demás. No volveré a evaluarme, a medir todo mi yo –dijo con decisión, volviendo a meter la cinta métrica en la cartera.

—¿Quiere eso decir que ya no vas a considerarte una indigna, patética y estúpida gloria del pasado?

—Sí, eso quiere decir –respondió Duke, sonriendo como sólo puede sonreír un hombre que se ha quitado una carga de encima, aunque en el caso de Duke era de su corazón. Decididamente, se volvió a sentir ligero, y se puso tan eufórico que casi no podía concentrarse en plasmar por escrito esta nueva lección en su libro.

LECCIONES SOBRE
SER LO SUFICIENTEMENTE BUENO

1. No volver a medirme a mí mismo ni a los demás.
2. Soy una persona valiosa por el mero hecho de existir.
3. Soy bueno por lo que soy, no por lo que hago.
4. Todo el mundo comete errores.
5. Los problemas, los errores y los fracasos son maestros.
6. La mayoría de la gente no va a ser tan dura conmigo como lo soy yo conmigo mismo.

Capítulo Dieciséis

El Salto de la Fe

Cuando Duke terminó de escribir en su libro, Maxine y él retomaron el sendero en dirección al Puente del Cambio. Sintiéndose de nuevo esperanzado, y ansiando proseguir su sendero, Duke ponderó la Ley del País del Coraje: Cambia las cosas que puedas cambiar.

Rememoró todas las cosas que había cambiado ya, cosas que una vez pensó que no podría cambiar. Y se preguntó si tal vez podría cambiar también algunas de las demás cosas que había pensado que no podría cambiar. Pero, no queriendo confundir lo que se puede cambiar con lo que es necesario aceptar, como habían hecho muchos de Villasombría, le preguntó a Maxine cómo diferenciar una cosa de otra.

—Has estado aprendiendo esto a lo largo de todo el camino —dijo ella, zigzagueando en vuelo por delante de él.

—He aprendido muchas cosas, pero aún no estoy seguro de poder cambiar de verdad las cosas si vuelvo a casa. Cuando me enteré de en qué problemas me había metido con la Asociación de Caballero, estaba seguro de que no podría cambiar nada, pero ahora… —se le apagó la voz.

—Ésa era la cháchara de tus emociones, emociones que provenían de pensamientos retorcidos –le explicó Maxine–. Ahora estás pensando más recto. La razón y la lógica están trabajando. Ésa es la clave.

—¿Llegaré a distinguir con mayor claridad qué cosas aceptar y qué cosas cambiar?

—Sí, tu sabiduría para conocer la diferencia entre ambas seguirá creciendo, siempre y cuando sigas pensando recto y prestando atención a lo que funciona y a lo que no.

—Mmm… mientras tanto, ¿hay algo que me pueda ayudar a ver la diferencia?

—Prueba a preguntarte qué le aconsejarías que hiciera a alguien que se encontrara en la misma situación que tú. De esa forma, dejas a un lado tus emociones y utilizas la razón, en vez de pensar con anhelo o con miedo.

—¿Y qué pasa si no sé qué podría decirle a esa persona en mi misma situación? –preguntó Duke perplejo.

Maxine aterrizó sobre su hombro.

—Mira, Duke. No es tan difícil como parece. Puedes cambiar todas las cosas sobre las que tengas control, y convendrá que aceptes todas aquellas otras sobre las que no tengas control. Diferenciar unas de otras es sólo cuestión de sentido común y de experiencia.

—¿Y qué pasa con las situaciones en las que sólo tengo *algo* de control, como aquéllas en las que están involucradas otras personas?

—En ese caso, haz lo que puedas por cambiar tu parte en la situación. Eso es todo lo que puedes hacer. El resto le corresponde a los demás.

Maxine se puso a acicalarse las plumas, mientras Duke le preguntaba acerca de la junta disciplinaria de la asociación y de otras cosas que pensaba cambiar. Como cualquier buena guía, Maxine respondió a sus preguntas con otras preguntas, que le ayudaron a encontrar sus propias respuestas.

Pero cuanto más pensaba en lo que podría cambiar, y cuanto más sopesaba los pros y los contras, más miedo le daba; miedo de no saber qué *ocurriría* y miedo de lo que él *pudiera* pensar. Cambiar las cosas no era un juego de niños. Era algo inquietante, muy inquietante. Y le estaba dando miedo sólo de pensarlo.

Mientras caminaba perdido en sus pensamientos, apareció una ligera niebla, que fue haciéndose más espesa a medida que se adentraban en ella.

De repente, el sendero se interrumpió en un profundo precipicio. Casi todo lo que había más allá estaba sumido en la húmeda blancura de la niebla. Duke pudo escuchar el fragor de un río bravío más abajo y, con precaución, se acercó hasta el borde del precipicio para poder verlo mejor.

—¡Uau! ¿Qué lugar es éste? –preguntó.

—Es el Salto de la Fe –dijo Maxine, señalando con el ala a un letrero que había en un árbol cercano.

Duke contempló el letrero.

—No lo había visto –dijo un tanto aturrullado–. Supongo que, en más de un sentido, estoy sumido en la niebla. ¡Eh! ¿Qué ha pasado con el sendero? Ha desaparecido.

—No, no ha desaparecido. El Salto de la Fe es parte del sendero, como lo era la escuela hogar, ¿te acuerdas? De hecho, el salto lleva al Puente del Cambio.

—¿Quieres decir que está por ahí, en alguna parte? –preguntó él, mirando con los ojos entrecerrados en la blancura–. Si esta maldita niebla no fuera tan espesa…

—La Niebla de la Incertidumbre oscurece tu visión, si tienes miedo a lo desconocido –le explicó Maxine.

—No me sorprende que no vea nada –dijo Duke–. ¡Eh, mira! Allí está. Creo que puedo distinguir parte del puente. ¿Es un puente de cuerdas, con barandillas de cuerda y todo?

Maxine afirmó con la cabeza.

—Sí, lo es. Cuando estés listo, podrás saltar hasta él y llegar a casa en poco tiempo.

—¿Saltar? ¿Estás de broma? –preguntó Duke incrédulo–. ¡No se puede saltar hasta allí… y sobrevivir! El puente está demasiado lejos.

—El miedo hace que el salto parezca más grande de lo que es en realidad –dijo Maxine–. Necesitas sustituir tus temores por la fe.

—¿Fe en qué?

—En ti mismo y en tu capacidad para afrontar cualquier cosa que te sobrevenga cuando cambies las cosas.

—¿Oh, eso es todo? —dijo Duke medio en broma.

—No –respondió Maxine con toda seriedad–. También necesitarás tener fe en que el universo te echará una mano, si confías en él y dejas a su cuidado aquello de lo que no puedes ocuparte tú.

—No sé —dijo Duke, mirando hacia abajo a las aguas embravecidas—. Lo cierto es que no quiero terminar allí abajo. Podría ahogarme.

—Muchas personas que no tienen fe en sí mismas o no tienen fe en el universo dicen eso. Tienen miedo de dar un salto de fe. Pero si han aprendido a nadar, tienen muchas probabilidades de sobrevivir, aunque caigan en esas turbulentas aguas. Y el universo tiene una flota impresionante de barcos salvavidas que aparecen cuando menos se les espera… con frecuencia, cuando todo lo demás falla.

—Muy divertido, Max.

—No pretendía que fuera divertido.

Duke tragó saliva.

—Con barcos salvavidas o sin barcos salvavidas, tengo miedo de terminar en esas aguas turbulentas si intento cambiar las cosas. Quiero decir que podría volver y hablar con la junta disciplinaria, pero eso podría empeorar aún más las cosas. Si no me echan completamente de la asociación, quizás pudiera recuperar mi título. Pero, ¿y si no puedo hacerlo? Podría cambiar mi relación con Jonathan, pero estaba tan enfadado conmigo que quizás no quiera volver a verme nunca más. También podría cambiar de opinión respecto a no volver a confiar nunca más ni volverme a implicar con otra mujer; pero, ¿qué pasaría si otra mujer se deshiciera de mí, como hicieron Allie y Cindy? Me da mucho miedo el mero hecho de pensar qué podría suceder si intentara cambiar las cosas que nunca fui capaz de cambiar. Quiero decir que podría salir todo mal, y lamentar incluso el haberlo intentado y…

—¡BASTA! –gritó Maxine, levantando el ala para detener la embestida de pensamientos retorcidos–. ¡Te estás asustando con cosas que quizás nunca ocurran!

—Pero *pueden* ocurrir, ¿no?

—Quizá. Si así fuera, les harás frente. ¿Has olvidado tus ABC? Si hay cosas que no van del modo que tú quieres que vayan, será lamentable, pero no tremendo ni terrible. Sobrevivirás. Estás convirtiendo preocupaciones válidas en temores paralizantes.

—¿Que estoy convirtiendo qué? ¿Significa eso que tengo que discut… ya sabes, la palabra que empieza por D?

Maxine afirmó con la cabeza.

Duke gruñó y se fue hasta un peñasco que había un poco más allá. Se sentó y dejó la cartera a un lado, y uno a uno discutió todos los pensamientos que le estaban generando los miedos. Refunfuñó, vociferó y consultó su libro de lecciones para el corazón. De vez en cuando, tomaba una u otra de las herramientas de héroe, y cuando hacían su labor ayudándole a ver con más claridad, a calmarse o a recordar una lección importante, las devolvía otra vez a la cartera.

Cansado de batallar, cerró finalmente el libro y lo dejó, y miró más allá del precipicio. Las cosas habían cambiado en más de una forma.

—Mira, Max, tenías razón. Creo que hay un poco menos de niebla, y el puente está un poco más cerca de lo que yo pensaba.

Duke se detuvo por unos instantes.

—Pero sigue estando demasiado lejos para saltar hasta él. Supongo que mis sentimientos no se han enderezado tanto como mis pensamientos —concluyó decepcionado.

—Lo estás haciendo bien, Duke —dijo Maxine—. Tú sabes que cambiar los sentimientos puede llevar tiempo. Sin embargo, hay una manera de acelerar el proceso. Puedes empezar *actuando* contra tus temores, así como *pensando* contra ellos. Esto es parte del secreto, ¿te acuerdas del secreto? Actuar contra tus pensamientos retorcidos.

—¿*Actuar* contra mis pensamientos retorcidos?

—Sí, haciendo aquello que te da miedo.

Duke sacudió la cabeza lentamente.

—Sabía que ibas a decir eso. Pero, ¿cómo voy a hacer aquello que me da miedo? Sigo teniendo demasiado miedo.

—Puedes practicar el tener menos miedo –dijo Maxine alegremente–. Doc tiene un truco sorprendente que funciona con todo tipo de sentimientos desagradables. Tallará esos sentimientos antes de que te des cuenta.

Aunque con bastante menos entusiasmo que Maxine, Duke se animó con la visión de sí mismo tallando sus temores del mismo modo que Willie tallaba su trozo de madera.

—De acuerdo. ¿Cuál es el truco?

Bajo la dirección de Maxine, Duke cerró los ojos y se imaginó a sí mismo poniéndose ante los rostros secos y desaprobadores de los miembros de la junta disciplinaria, permitiéndose sentir el miedo que sentía cada vez que pensaba en esa situación.

—Ahora, haz que tu miedo sea más fuerte –le instruyó–, tan fuerte como puedas.

Y Duke dejó que sus pensamientos retorcidos se movieran a sus anchas. El corazón comenzó a golpear con fuerza, mientras él se estremecía en su interior. Se le secó la garganta y se le humedecieron las palmas de las manos.

—De acuerdo –dijo atragantándose–. Ya está.

—Has sido tú el que ha generado esos sentimientos, y eres tú el que puede cambiarlos. Sigue imaginando los mismos rostros y reduce tu miedo con pensamientos rectos.

Una ráfaga de pensamientos rectos expulsó a los retorcidos, y el paralizante temor de Duke soltó su presa.

—¡Uau! ¡Es muy real! Es increíble que haya cesado el miedo así, justo en mitad de una de mis peores pesadillas. Pero lo hice, y aquí estoy. Sobreviví. ¿Qué tal?

Maxine estaba encantada.

—Estás entrenándote para vencer tus miedos, del mismo modo que una vez te entrenaste para vencer dragones. Te sentirás más fuerte y valiente cuando llegue la situación real. ¿No es estupendo?

Duke no sabía si la palabra adecuada era estupendo, pero si su entrenamiento para vencer el miedo funcionaba la mitad de bien que su entrenamiento para vencer dragones, quizás regresara a casa después de todo para enfrentarse a la junta. Pensándolo bien, quizás estupendo sí que era la palabra adecuada.

Con la esperanza renacida, miró hacia la niebla. Se había levantado un poco más, y el puente parecía un poco más cerca, pero no lo suficientemente cerca; y decidió que, si iba a dar aquel salto e iba a continuar con su camino, sería mejor esforzarse con el resto de sus miedos. Aunque Maxine le advirtió que no hiciera demasiado de una vez, Duke había saboreado el éxito y no se iba a dejar disuadir.

Después de tallar algunos de sus otros temores, volvió a mirar a la niebla. Se había aclarado un poco más, y el puente parecía un poco más cerca aún, pero el salto seguía pareciendo imposible.

—Es natural que tengas algo de miedo cuando te enfrentas a algo arriesgado, Duke. Estás cansado. El día ha sido largo. ¿Por qué no hablamos de esto mañana por la mañana?

«Max sabe siempre lo que necesito», pensó.

Comieron lo que pudieron recolectar para alimentarse e hicieron un lecho para Duke con las hojas caídas de los árboles. Después, Maxine se elevó para buscarse un lugar confortable donde dormir, y Duke echó un vistazo alrededor y escuchó atentamente en busca de cualquier señal del Dragón de los Pensamientos Retorcidos. Satisfecho de estar a salvo de momento, tomó un sorbo de agua del Pozo

Obueno para relajar la mente y levantó la mirada al azul oscuro de un cielo infinito.

—Por favor –imploró–, necesito la sabiduría para conocer lo que puedo cambiar… y el coraje para cambiarlo.

Dejó cerca de sí la cartera con las herramientas de héroe, se acurrucó sobre las suaves hojas y se sumió en un profundo sueño, murmurando:

—Por favor… por favor… por favor…

Aquella noche, tuvo un sueño inquietante. En él, se veía saltando sobre el precipicio y cayendo, cayendo en las traicioneras aguas, y siendo engullido por éstas, para nunca más oír nadie hablar de él.

Duke se despertó y se incorporó de un salto, estremeciéndose. Afectado y solo en la oscuridad de la noche, no podía pensar con rectitud, pero no quería despertar a Maxine. Además, había mejorado mucho en enderezar el pensamiento. Se calmó poco después, y volvió a dormirse.

Cuando despertó por la mañana y le habló a Maxine de su sueño, comenzaron a invadirle las dudas.

—Quizás no termine mejor de lo que ya estoy. Quiero decir que quizás esté cambiando unos problemas por otros. O puede que las cosas empeoren. ¿Cómo saber si vale la pena intentar cambiar algo?

Acostumbrada a tratar con tales dudas, Maxine replicó:

—Esa excusa es la que hace que mucha gente deje de hacer lo que necesita hacer para ser feliz. ¿Cuál es la alternativa? ¿Sentarse y ponerse a desear que las cosas sean diferentes? ¿Esperar que, de algún modo, de alguna manera, algo cambie, para después aferrarse a eso y acomodarse sea cual sea la deriva que tome? Si no decides tú, la vida decidirá por ti; y, aún así, seguirás siendo tú el responsable del resultado.

Duke levantó las cejas.

—¿Quieres decir que, si no intento cambiar las cosas que puedo cambiar, lo que ocurra seguirá siendo un fallo mío, sea lo que sea?

—Responsabilidad tuya –le corrigió ella–. No tomar una decisión es ya una decisión. Afecta a lo que ocurre. Si no haces nada, normalmente no conseguirás nada, salvo más de lo mismo... o peor. ¿Podrás vivir con eso? ¿Conseguirías lo que quieres, lo que es importante para ti, lo que mereces? ¿Serías feliz?

Duke sacudió la cabeza.

—No, mi estilo no es acomodarme. Soy de los que asumen riesgos. Mis maneras de héroe, ya sabes. Aún así...

—Quieres una garantía. Me gustaría poder dártela, pero no puedo. Nadie puede dártela. Asumir riesgos forma parte del hecho de hacer cambios, forma parte del hecho de hacer algo nuevo, forma parte de la vida. Tú lo sabes. Has estado asumiendo riesgos toda tu vida, algunos de ellos ciertamente grandes. Y si no lo hubieras hecho, jamás habrías conseguido todo lo que has conseguido.

—Supongo que no –dijo Duke sombríamente.

—Rememora, Duke. ¿Acaso no te arriesgabas a fracasar o a resultar herido cada vez que te entrenabas, cada vez que salías a combatir con un dragón?

—Uf... me llevé montones de sustos.

—¿Y qué hiciste?

—Bueno, debí hablarme a mí mismo de ello, utilizando probablemente algún pensamiento recto y sólido como los que hice con el truco de Doc. Entonces, yo no sabía lo que estaba haciendo, eso es todo.

—¿Y qué más hacías para vencer tus miedos?

—No estoy seguro. Se esperaba que fuera valeroso, y yo deseaba tanto convertirme en el caballero número uno, que simplemente me obligaba a hacer cualquier cosa que fuera necesaria para conseguirlo.

—¿De modo que te obligabas a entrar en acción, a hacer lo que era mejor para ti, a pesar de tus temores?

—Sí. Y las cosas se fueron haciendo más fáciles con el tiempo.

—El coraje es así. Cuanto más valeroso eres, más valeroso te haces.

—Mmm, es interesante, hace falta coraje para tener coraje.

—Sí, al igual que hace falta matar dragones para convertirse en un caballero –dijo Maxine.

Duke se preguntó por qué unas verdades tan obvias no se le habían ocurrido nunca antes.

Maxine prosiguió.

—¿Se te ocurre algo más que pueda ayudar para que te resulte más fácil hacer lo que temes, algo que pudiera ayudarte ahora?

—Déjame ver…

—¿Qué hay de tus estrategias de caballero?

—¿Te refieres a mi famoso truco del clima y a mis movimientos expertos? Es cierto, matar dragones se hacía menos inquietante cuando sabía que tenía un buen plan de antemano. Y eso me ponía en una clara ventaja táctica.

Duke lo pensó por unos instantes y, de repente, saltó:

—¡Eh! ¡Puedo planear lo que voy a decir y lo que voy a hacer ante la junta disciplinaria! ¡Sí! Poner en marcha una buena estrategia. ¡Eso quizás me devuelva mi título, y todo lo demás que necesito cambiar!

—Buena idea, Duke –dijo Maxine–. Es más fácil tener fe en que puedes manejar cualquier situación cuando estás bien preparado. Pero sé flexible –le advirtió–. Ya sabes lo que se dice de los mejores planes de ratones y de hombres… y también de los azulejos.

Duke hizo una mueca al recordar los planes que habían salido mal debido a un giro inesperado de los acontecimientos. Pero, entonces, él no sabía nada de eso de ser flexible. Él creía que todo tenía que ocurrir del modo que él pensaba que tenía que ocurrir. Y, cuando no era así, luchaba contra ello en vez de reajustar el plan. Ahora, estaba mejor preparado.

Recogió su libro de lecciones del corazón y, mientras Maxine revoloteaba por los alrededores disfrutando del paisaje, Duke escribió todo lo que había aprendido desde que hiciera sus últimas anotaciones. Después, pensó, planeó e hizo su estrategia, e incluso formuló planes de contingencia, para el caso de que ocurriera algo inesperado.

Mientras se concentraba en cómo iba a generar los cambios que pretendía, pasaron ante sus ojos imágenes de cómo hablaría ante la junta disciplinaria, de la reconquista de su título, de cómo recuperaría el cariño de Jonathan y de la mejoría en las relaciones con Allie. El mero hecho de *planificar* su entrada en acción le hizo sentirse mejor.

Luego, inesperadamente, sus pensamientos recayeron en los agridulces recuerdos de su vida con Allie.

—Es lamentable que sucediera lo que sucedió –dijo–. Tanto Allie como yo cometimos muchos errores… errores que nunca más volveré a cometer. Supongo que los errores son maestros de verdad.

—Ése es el tipo de pensamiento recto que puede abrirte a nuevas e interesantes opciones —remarcó Maxine, cerniéndose sobre él.

Duke levantó las cejas.

—¿De verdad lo crees? ¿Opciones como cuáles?

Maxine aterrizó sobre su cartera.

—Nunca sabes lo que puede ocurrir. A veces, aceptar lo inaceptable hace posible el cambio.

Y, en lo más profundo de él, comenzó a agitarse una sensación antigua y familiar.

—¿Qué está pasando, Max? –preguntó– Me siento algo así como… divertido.

Maxine se puso a dar saltos.

—¡Has tallado tus miedos lo suficiente como para cambiar tu punto de vista sobre el cambio! ¡Duke, es magnífico! ¡Estás recuperando lo que perdiste!

—¿Qué? ¿Qué perdí? –preguntó él–. Además de mi título, quiero decir, y de mi reputación… y de mi esposa… y…

—¡Tu sentido de la aventura! –pió Maxine, moviendo las alas– ¡La emoción de la competición! ¡La excitación del desafío! ¡Todo eso!

—¿No estarás queriendo decir que me emociona la idea de ponerme ante la junta disciplinaria y de luchar por recuperar mi título y todo eso? –preguntó él con escepticismo.

—¡Sí, sí que te emociona! ¿Por qué no iba a emocionarte? Sabes que tienes buenas opciones de cambiar las cosas. Puedes marcar la diferencia, y lo sabes. ¿Te das cuenta? ¡En vez de asustarte con lo *peor* que podría ocurrir, te estás excitando con lo *mejor* que podría ocurrir! ¡El miedo engendra miedo, y el coraje engendra coraje!

—Sí, siento cierta excitación por sobreponerme al miedo. No, es más bien como si el miedo estuviera cargado de excitación, como solía suceder cuando estaba aprendiendo a matar dragones. Si me paro a pensarlo, me solía sentir excitado con lo mejor que podría ocurrir. Recuerdo que soñaba…

Duke se detuvo de pronto. Había pasado mucho tiempo desde la última vez que se arriesgara a contarle algo íntimo a una mujer. Sin embargo, con Maxine era diferente. Se sentía seguro con ella. En todo el tiempo que habían pasado juntos, Maxine nunca le había juzgado, nunca le había criticado, nunca se había enfadado con él, a diferencia de algunas personas que conocía. Duke había dudado de muchas cosas en aquellos días y no había podido dar nada por seguro. Pero no tenía ni la más mínima duda acerca de Maxine, que siempre había estado allí cuando la había necesitado.

Se quedó mirando sus ojillos de aceptación, y supo que podía contarle cualquier cosa.

—Recuerdo que soñaba en convertirme en un famoso caballero. Incluso simulaba que ya era uno de ellos. Me veía a mí mismo ya crecido, recorriendo la ciudad en un carro dragón rojo brillante, entre multitudes que me aclamaban, y veía mi retrato en el Muro de la Fama de la Tienda del Héroe, junto a los de mi padre y mi abuelo.

Maxine ladeó la cabeza, escuchando con atención.

—Más tarde, cuando comencé mi ascensión en el negocio de matar dragones, me imaginaba a mí mismo como un superhéroe invencible, tan rápido como un rayo, tan poderoso como un tornado, y capaz de matar a mi presa con una simple estocada. A veces, incluso adoptaba una pose frente al espejo.

»Bueno, de todas formas —murmuró de pronto, avergonzado por la efusión de sentimentalismo—, gran parte de nuestro viaje cae en el baúl de los recuerdos. Me olvidé de por qué empecé a hablarte de todo esto».

—Quizás porque estás reconociendo que las esperanzas, los sueños y el verte como te gustaría ser te pueden ayudar a conseguir el coraje suficiente para ir en busca de lo que quieres. Y también pueden poner en marcha los engranajes del universo para que te eche una mano.

—No estoy muy seguro de ese asunto del universo, pero ahora tengo la suficiente fe en mí mismo como para cambiar lo que se necesite, y vivir con cualquier cosa que venga a suceder. Espero que eso sea suficiente.

—Puede ser. Pero, ¿qué hay de las veces que has pedido ayuda al universo?

—Pedía sólo por si había alguien o algo por ahí. Estaba desesperado. No sabía que otra cosa hacer. Lo había intentado todo, pero no era suficiente. Mi vida estaba completamente desquiciada, y no sabía cómo enderezarla.

—Exactamente, lo que estoy diciendo —dijo Maxine levantando un ala—. Cuando uno hace todo lo que puede y no es suficiente, poner la situación en manos de algo más poderoso que tú mismo puede marcar la diferencia. Cuando saliste despedido de tu carro dragón y pensaste que todo estaba perdido, pediste ayuda, y el universo te envió a Doc.

—Sí, pero eso pudo ser una coincidencia.

—¿Y qué pasó cuando pediste ayuda para aceptar las cosas que no podías cambiar?

—Quizás no fuera el universo ni nada de eso. Pudo ser porque me había esforzado mucho con mis lecciones.

—Puede ser, pero ¿de dónde vinieron las lecciones, y los profesores, y las nuevas herramientas de héroe, precisamente cuando más las necesitabas? El universo trabaja en silencio entre bastidores, y te puede ayudar mejor cuando eres consciente de él y aceptas sus dones… cuando haces todo lo que puedes, y lo dejas estar y las cosas se salen de rumbo y confías en que se él encargará del resto.

Duke suspiró.

—¿Estás diciendo que, cuando no pueda hacer ya nada más, lo ponga en manos del universo? Sería un alivio poder hacer eso. Pero, ¿cómo puedo desarrollar ese tipo de fe cuando tengo tantas dudas?

—De la misma forma que has desarrollado el coraje… teniéndolo. Tú decides que lo tienes y es como si lo tuvieras.

Duke suspiró de nuevo.

—De acuerdo, lo intentaré.

—Intentarlo no es suficiente. No es un compromiso firme.

—De acuerdo, lo haré —dijo él, esta vez con convicción—. Tengo fe. Está decidido.

—¡Bien! —exclamó Maxine—. Ése es el espíritu. Entonces, ¿estás listo para *actuar* como si tuvieras fe y estás listo para dar el salto?

Duke miró en dirección al puente y, por vez primera, le pareció que estaba lo suficientemente cerca como para saltar sobre él… y luego, otra vez, pensó que quizás no lo estuviera tanto. En el mejor de los casos, sería un salto arriesgado, especialmente porque seguía habiendo niebla.

El corazón le daba saltos en el pecho.

—¿Podemos hacer algo para aclarar primero la niebla?

—Atravesar la Niebla de la Incertidumbre es parte del cambio. Ya la has aclarado en parte, luchando contra tus miedos. La niebla no se disipará del todo hasta que la hayas atravesado.

Duke respiró profundamente.

—Pregúntamelo de nuevo, Max. Pregúntame si estoy listo.

—¿Estás listo para dar el salto? ¿Qué dices?

Duke volvió a respirar profundamente.

—Digo que... sí. Después de todo, como tú misma comentaste, ¿qué otra alternativa tengo?

Y en aquel momento, el pelo de la nuca se le erizó y el corazón se le disparó en el pecho. El aire vibró ante la inminencia de algo, y un golpe familiar sacudió el suelo, pero había algo inequívocamente diferente en ello.

Duke se puso en pie, listo para enfrentarse a lo que se avecinaba. Lo primero que pensó fue en sacar la espada, pero esta vez se acordó, y tomó su cartera con las nuevas herramientas de héroe.

—De acuerdo, ¿dónde estás? –gritó–. Acabemos ya con esto. No tengo tiempo que perder.

Capítulo Diecisiete

El momento
de la rendición

Firmemente en pie, Duke se volvió en dirección a aquel sonido y vio a un pequeño dragón acercándose hacia él, pisando el suelo con tanta fuerza como podían reunir sus pequeñas y débiles patas. Su imagen era patética.

El caballero se quedó sorprendido.

—¿Eres tú? –preguntó estirando el cuello–. ¿El abuelo de todos los dragones? ¡Mira, Max! ¡Es increíble!

—No hace falta que insistas –siseó el dragón, esforzándose por hacer que su débil graznido sonara tan poderoso como fuera posible.

—¿Por qué das esas patadas en el suelo? –preguntó el caballero.

—Es mi manera de hacer entrada.

—Pues la has hecho buena. ¡Eres muy pequeño!

—No me juzgues por mi tamaño –dijo el dragón con una mueca de desprecio–. Todavía soy poderoso.

—Yo también –contestó Duke con énfasis–. Me he esforzado por enderezar mi pensamiento, y por desarrollar mi coraje para cambiar las cosas que puedo cambiar.

—Sí que lo hiciste, colega. ¡Me has estado matando con toda esa cháchara, con esos trucos de tallar miedos y con las herramientas de héroe!

—Ésa era la idea —respondió Duke—. Y no me llames colega. Tú no eres colega mío.

—¡Qué susceptibles estamos hoy! —dijo el dragón sarcásticamente—. Bueno, colega o no colega, sé cómo fastidiarte. Los dragones también tienen planes de batalla, ya sabes. Y espero que esta vez no tomes injusta ventaja con todo eso que llevas en la cartera. ¿Qué diablos tiene que pasar para que ganes tus batallas de forma justa y adecuada?

—Vamos al grano, ¿quieres? Tengo que dar un salto.

—De eso precisamente venía a hablarte. ¡Si estás lo suficientemente loco como para dar ese salto, vas a terminar estrellándote sobre aquellas rocas que hay allí abajo, en medio de las aguas enfurecidas! ¿Es eso lo que quieres?

—Si eso es todo lo que has venido a decirme, has hecho el viaje en balde. Ya hemos discutido de esto hasta la saciedad. Voy a dar el salto y se acabó. ¿Es necesario recordarte lo que sucedió la última vez que apareciste y tuvimos un combate de palabras? Te hiciste tan pequeño y tan escuálido que te llevó tres intentos desaparecer.

—Esta vez es diferente. No puedes demostrar que estoy equivocado.

—¿Acerca de qué? Oh, no importa. Da igual. He tomado una decisión. Es lo más lógico que puedo hacer —dijo Duke, mientras se abrazaba la cartera al pecho—. Ocurra lo que ocurra, tengo fe en mí mismo para enfrentarme a ello, y tengo fe en que el universo se ocupará de lo que yo no pueda ocuparme. Estoy impaciente por volver a casa y comenzar a hacer algunos cambios.

—Conque has tomado una decisión. Vaya cosa. La gente toma decisiones constantemente... y nosotros les decimos que las sigan en todo momento.

Duke no esperaba oír aquello.

—¿Cómo que «nosotros»? ¿Quieres decir que hay más como tú?

—Claro. Todo el mundo tiene un dragón de pensamientos retorcidos. Ahora, veamos, ¿por dónde iba antes de que cambiaras de tema? Ah, sí... las decisiones. No hay problema. Un compromiso... ahora es más difícil de parar. Aún así, si te has comprometido a dar ese salto, que no lo has hecho, todavía podría atemorizarte con él.

—¿Cómo? ¿Arrojándome unas cuantas chispas?

—¡Na! Ya no hago cosas de ésas. Eso es cosa de dragones ordinarios.

—Magnífico. Me niego a discutir mi decisión ni mi compromiso contigo. Estoy listo para partir.

—Magnífico –le imitó el dragón.

—¿Vas a intentar detenerme?

—Si tienes suficiente coraje, adelante –dijo el dragón, inclinándose hacia el precipicio.

No podía ser tan fácil. A Duke se le revolvió el estómago, lo cual no era una buena señal.

—¿Te vas a quedar ahí mirando?

El dragón se sentó sobre las patas traseras.

—Sí, gracias por la invitación. Será entretenido.

No había nada que hacer salvo saltar. Duke miró a Maxine.

—¿Vendrás conmigo? –le preguntó preocupado.

Ella afirmó con la cabeza.

Duke dejó la cartera junto a ella, se acercó al precipicio y examinó el terreno a lo largo del borde. Encontró un sitio llano y adecuado desde el cual darse un sólido impulso, y lo marcó poniendo una roca al lado. Después, recogió la cartera, se la colgó y apretó la correa, asegurándosela en el hombro. Se alejó lo suficiente como para tomar carrera y dar un gran salto. Maxine le siguió.

Con la elegancia de un caballo de carreras en la salida, esperó el momento exacto. Maxine también estaba preparada, junto a él. Duke miró al dragón y, luego, volvió a mirar el punto que había marcado.

—Eso es —dijo con resolución—. Allá voy.

Y echó a correr, con Maxine dando saltos a su lado.

—¡ESPERA! —gritó de repente el dragón.

Duke derrapó hasta detenerse, y lo mismo hizo Maxine.

—Oh, perdóname —dijo el dragón moviendo las garras delanteras—. ¿Es que no te preocupa saltar llevando la cartera? Podría desequilibrarte.

—¿Qué hay de eso, Max? —dijo Duke en un susurro.

Y ella susurró a su vez:

—La gente salta constantemente llevando todo tipo de equipajes. Puedes hacerlo.

Duke se volvió hacia el dragón.

—La gente salta constantemente llevando todo tipo de equipajes. Puedo hacerlo.

El dragón se encogió de hombros.

—Sólo intentaba ser útil.

Era divertido ver al dragón, pero Duke no estaba de humor para eso.

Maxine y él volvieron atrás y comenzaron de nuevo. Y cuando llegaron tan lejos como habían llegado la primera vez, el dragón volvió a gritar:

—¡ESPERA!

Y ambos se detuvieron de nuevo.

—¿Y *ahora* qué? –preguntó Duke impaciente.

—Oh, perdóname, sólo una cosa más –dijo el dragón–. ¿Y qué pasa con el peso extra de tu pesaroso corazón? Ya sabes lo que pasó cuando saltaste en tu última misión de caballero. Sólo pensé que debía mencionártelo.

—¿Qué hay de eso, Max? –susurró nerviosamente Duke, recordando lo desastrosa que había sido aquella misión–. El corazón no me pesa tanto como me pesaba entonces, pero todavía no es lo que se dice muy ligero.

Ella contestó con otro susurro:

—No hay problema, Duke. La mayoría de la gente da este salto…

—¿Por qué estamos hablando en susurros? –la interrumpió Duke–. ¿Por qué no se lo dices tú misma al dragón para que no tenga que repetírselo yo?

—Porque es *tu* dragón –dijo ella en voz baja–. Dile que la mayoría de la gente que da este salto tiene el corazón pesaroso. Dile que puedes hacerlo.

—De acuerdo –respondió Duke–. Eh, dragón –gritó–. No hay ningún problema. La mayoría de la gente que da este salto tiene el corazón pesaroso. Puedo hacerlo.

—Sólo intentaba ser útil –dijo el dragón, encogiéndose de hombros otra vez.

—No quiero que siga deteniéndome, Max, pero me pone muy nervioso que pueda salir con algo importante en lo que yo no haya pensado.

—Está intentando hacerte flaquear en el último instante. Es parte de su estrategia. Pero no funcionará si te concentras en tu fe y en hacer lo que necesitas hacer.

Duke le dijo al dragón que no se molestara en intentar detenerle esta vez porque no iba a funcionar. Había ido demasiado lejos para permitir que las dudas le enervaran en el último instante antes de su gran salto.

Maxine y él volvieron al punto de partida y echaron a correr de nuevo.

—¡ESPERA! –gritó el dragón.

Pero Duke lo ignoró y siguió corriendo hacia el precipicio, tomando velocidad. Y justo antes de que llegara al borde, el dragón vociferó:

—¿Y CÓMO SABES QUE ES VERDAD QUE EL UNIVERSO ESTARÁ AHÍ PARA AYUDARTE? ¿QUÉ PRUEBAS HAY DE ELLO?

Duke se detuvo tan de repente que a punto estuvo de venirse abajo y caer por el precipicio. Conmocionado, se dejó caer en el suelo.

—¿Pruebas? –dijo consternado–. No pensé que fuera a pedirme pruebas, Max. ¿Cómo sé que eso de que el universo estará ahí para ayudarme no es una sarta de tonterías? Puede que el dragón tenga razón. ¡Puede que no sea otra cosa que una sarta de pensamientos retorcidos!

—¡Ja! ¡Lo *sabía!* –se regodeó el dragón–. ¡Esta vez soy yo el que pide pruebas! Quizás tú tengas fe en *ti mismo,* pero no tienes fe en el *universo.* ¡No hay pruebas, no hay fe, no hay coraje, no hay salto! ¡Ja!

Y mientras decía esto, su voz se hizo más fuerte y su cuerpo más grande.

Duke miró a Maxine con ojos suplicantes. Ella fue dando saltitos hasta él y dijo:

—Las manzanas caen de los árboles. No flotan en el aire. No puedes ver lo que las hace caer, pero está ahí de todas formas. No puedes ver una brisa suave, pero puedes sentirla. Algunas cosas son así. Su naturaleza es *ser* sin que se les vea. Cuando se sienten, cuando de verdad se sienten, no hacen falta pruebas.

Duke se animó.

—¿Estás diciendo que, con algunas cosas, las señales son pruebas suficientes?

—Sí, y con el tiempo tendrás todas las pruebas que necesitas para que tu fe perdure. Mientras tanto, haz como si la tuvieras, hasta que la desarrolles. Tú sabes cómo hacerlo.

Duke dejó perder la mirada por encima del precipicio, pensando en todo lo que Maxine le había dicho, pero una pregunta le vino a la mente.

—Si el universo se encarga de lo que yo no puedo encargarme, ¿por qué no hace que el salto sea más fácil? Yo he puesto mi parte.

—Quizás lo haga –fue todo lo que Maxine podía decir.

—Yo no me fiaría –cortó el dragón, que se estaba acercando, e intentaba escuchar lo que decían.

En voz baja todavía, para no animar al dragón a hacer más comentarios sarcásticos, Duke dijo:

—Estaba dispuesto a dar el salto, Max. Llegué hasta el mismo borde. Tú lo viste. Y el universo no hizo nada por ayudarme.

—El universo trabaja según sus propios planes, no según los tuyos –respondió ella–. Conviene que confíes en que él sabe *qué* es lo correcto y *cuándo* es el momento correcto, y lo sabe mucho mejor que tú. Además, estás pidiendo que el Salto de Fe cambie de naturaleza.

Duke parecía desconcertado.

—No sería un Salto de Fe si no precisara fe para saltar –explicó Maxine.

—Ya entiendo. Las piedras son duras y las estrellas brillan. No sé… Quiero creer en el poder del universo, pero necesito más ayuda en esto, Maxine.

—No es a mí a quien conviene que preguntes.

—¿A quién? ¿A Doc?

—No. Lo que necesitas es un tipo diferente de ayuda, algo diferente a lo que puede darte un amigo o un maestro, por sabio que sea. ¿A quién le pediste ayuda antes, cuando no había nadie más?

Duke supo inmediatamente a qué se refería Maxine. Miró al dragón.

—¿Delante de *él?* –preguntó, señalando con el pulgar en dirección a la bestia–. No sé. Yo siempre he hecho esto a solas.

—Cuando uno habla con el universo, es un instante íntimo, no importa quién esté delante.

Sabiendo que tenía razón, Duke cerró los ojos y bajó la cabeza.

—Por favor, por favor –susurró–, ayúdame a encontrar la fe que necesito para dar este salto.

Después, espero en silencio.

Esta vez, la respuesta llegó con rapidez. Una nueva voz borboteó en su interior:

—La prueba que quieres está en hacerlo.

—¿Qué? –dijo Duke, asustado.

—La prueba que quieres está en hacerlo –repitió la voz.

Duke dio un salto.

—Ven, Maxine. ¡Vamos a hacerlo!

El azulejo dio un salto en el aire.

—¡Es la primera vez que me llamas Maxine! ¡Estás empezando a confiar de nuevo!

—Supongo que es un salto de fe que puedo dar sin arriesgarme a una caída libre en el olvido.

Duke sonrió, se puso la cartera al hombro, comprobó que la correa estuviera bien sujeta y volvió dando grandes zancadas hasta el lugar desde donde había empezado a correr las tres veces anteriores.

De inmediato, el dragón empequeñeció de nuevo. Inquieto, intentó gritar, pero su voz era también más débil.

—¡Estás loco! ¡Es un suicidio! –chilló.

—La prueba está en hacerlo –dijo Duke con calma.

—¿Un mensaje críptico del más allá? Lo vas a echar todo a perder –jadeó el dragón, haciéndose aún más pequeño–. Aunque seas lo suficientemente estúpido para saltar y yo termine siendo tan diminuto como un ratón de iglesia, ¡no me rendiré… nunca!

«Es divertido, –pensó Duke–. He vencido esta batalla y, sin embargo, soy el único que se rinde.»

Respiró profundamente y se puso en la posición de salida. Maxine tomó su lugar a un lado. Duke se preparó, meciéndose adelante y atrás. Maxine se preparó, meciéndose adelante y atrás.

Frenético, el dragón intentó desaparecer en una tentativa por hacer una salida digna, pero no pudo.

—¡Maldición! ¡Qué embarazoso! –dijo con una voz casi imperceptible.

Aturrullado, se escabulló pronunciando mil improperios.

—¡Eh, Maxine, el corazón acaba de perder peso! –dijo Duke maravillado.

Ella afirmó con la cabeza.

—En buen momento.

Meciéndose todavía, Duke preguntó:

—¿Crees que el universo comprenderá que cruce los dedos?

—El universo lo comprende todo —respondió Maxine.

—De acuerdo, entonces. ¡Allá vamos! —gritó saliendo a la carrera, en una carga contra el borde del precipicio.

Maxine saltaba tan rápido para seguir el ritmo, que terminó volando, y un momento después también voló Duke. Cuando sus pies dejaron el suelo catapultándolo en el aire, dejó ir todo lo que no podía controlar y se hizo cargo de todo lo que podía controlar.

El caballero voló por el aire, con el corazón golpeándole el pecho de excitación, y con los ojos fascinados en el puente que colgaba ante él. Se sintió ligero y libre, mientras el aire frío le acariciaba el rostro. Maxine volaba muy por encima de él, con el fin de no estorbarle la visión… ni la vivencia.

Duke empezó a nivelarse y, luego, comenzó a perder altura… demasiado lejos del puente.

—¡Eh, Universo! —gritó Duke, intentando no ser presa del pánico—. Yo puse *mi* parte. Ésta es una buena ocasión para que *tú* saltes. Pero no al río, claro. No era una broma. Estoy serio como un muerto. Bueno, no muerto, muerto, al menos todavía no, pero de verdad que tengo problemas.

A pesar de sus súplicas, Duke cayó y cayó, entrando en picado, cada vez más cerca del furioso río.

—¡Universo! ¡Universo! ¡Si éste es el momento adecuado para echarme una mano, por favor, hazlo pronto, antes de que me ponga a farfullarles a los peces!

Cayendo cada vez más rápido, Duke se puso a mover los brazos, intentando alejarse de las rocas.

—¡ES TU ÚLTIMA OCASIÓN! —gritó, cerrando los ojos con fuerza y conteniendo la respiración.

Y en el último instante posible, un potente chorro de aire lo recogió y lo elevó desde las profundidades para depositarlo en el Puente del Cambio.

Capítulo Dieciocho

El Puente del Cambio

Maxine se posó sobre el puente justo en el momento en que los Vientos del Cambio depositaron a Duke sobre él.

—¡Uf! ¡Estuvo cerca! –dijo él, temblando todavía por aquel rescate de última hora.

Duke respiró profunda y pausadamente, una vez, otra, y comprobó si la cartera había sobrevivido al salto. Aún la tenía. Le sonrió a Maxine.

—¿Qué te ha parecido?

—Impresionante. El universo y tú sois un buen equipo –comentó Maxine.

De repente, la melodiosa música de un banjo se pudo escuchar por encima de fragor del río y del susurro del viento.

—¡Doc! –dijo Duke volviéndose, para ver al Sabio, con sombrero y todo, posado en un lado del puente, sonriendo al tiempo que tañía las cuerdas.

—Sí, lo sé –respondió Doc.

Y se puso a cantar:

Los Vientos del Cambio respondieron a su llamada.
La fe tuvo su recompensa.

Le elevaron desde las turbulentas aguas
y le depositaron suavemente
sí, en el puente...

—¡Sí, así fue! ¡Lo conseguí! —estalló Duke, embargado por la alegría—. Oh, siento interrumpirle... eh, esa canción no rima.

—Estoy probando un nuevo estilo —dijo Doc sin dejar de tocar.

—¿Por qué? Creía que le encantaba hacer rimas.

—Y me encanta. Pero puede que también me guste no hacer rimas. El cambio puede ser tan refrescante como inevitable.

Maxine se mostró de acuerdo.

—A Doc le gusta estar a tono con el universo... siempre cambiando.

Duke se puso en pie.

—Yo también estoy a tono con el universo. *Estoy* cambiando.

—Todos lo hacemos —dijo ella, ahuecando las plumas—. Estamos haciendo grandes avances.

—Sí, me he estado esforzando para conseguir algunos avances —reflexionó Duke, mirando atrás, a través del Salto de la Fe—. ¡Uau! ¡Miren eso! La niebla se disipó, y el salto no parece tan grande desde este lado.

Doc afirmó con la cabeza.

—Sí, no tiene mucho interés. Rara vez parece tan grande después de haberlo dado.

—Espero sentirme igual con el puente cuando lo haya cruzado.

Duke dejó ir la vista en la distancia.

—Pero, todavía queda mucho de eso… de esa Niebla de la Incertidumbre.

—Es comprensible. El cambio está lleno de incertidumbres.

—Supongo que es su naturaleza –dijo Duke, pensando en la piedra que llevaba en la cartera–. Hay cierta cantidad de certeza en la incertidumbre, ¿no?

—Sí –respondió Doc–, y es lo desconocido lo que hace de la vida una gran aventura. Aprovecha el misrerio, Duke, o lo emocionante de la vida se te escurrirá entre los dedos.

Maxine se balanceó arriba y abajo entusiasmada.

—¡Sí! ¡Sí! Eso es lo que yo decía. ¡Y adivina qué! ¡Tu última herramienta de héroe es precisamente para eso!

Duke intentó recordar qué había en su cartera que no hubiera usado y, entonces, se acordó: las manoplas. Las sacó y las observó por vez primera.

—¡Las tengo! –exclamó–. Me preguntaba por qué se me habrían dado las manoplas, en lugar de unos pesados guantes de caballero.

Duke se puso una manopla y se quedó mirándola.

—Nada se te puede escapar por entre los dedos con esto puesto.

Luego, la idea le resultó tan absurda que se echó a reír. Y eso hizo estallar a Maxine, que rió, pió y rió un poco más.

Doc sonreía mientras tocaba. Cuando el alegre dúo calló, Doc cantó:

Los Vientos del Cambio le guiarán ahora
de lo que es a lo que será.
Paso a paso, encontrará su camino
a través de la Niebla de la Incertidumbre.

Sí, el puente sobre aguas turbulentas
le llevará a casa.
Y la fe le sostendrá
donde quiera que vaya.

—¿Está haciendo rimas de nuevo? ¿Qué pasó con eso de que el cambio era refrescante? —le tomó el pelo Duke.

Doc se encogió de alas.

—Así es como me vienen las letras de las canciones. Es mejor ser flexible, ir con la corriente.

Doc miró a Maxine, que afirmó con la cabeza como respuesta. Y juntos cantaron el estribillo final en perfecta armonía:

Sí, el puente sobre aguas turbulentas
le llevará a casa.
Sí, el puente le llevará a casa.

Duke aplaudió.

—¡Bien! ¡Bravo!

Maxine dio un salto en el aire e hizo una voltereta, piando:

—¿Lo has oído? ¡Te llevará a casa, Duke! *¡A casa!* ¿Entiendes?

Duke se asustó.

—¿*A casa*? ¿Quieres decir ya? Sabía que esto me llevaría a casa con el tiempo, pero… ¡no puedo volver aún! ¿Qué pasa con mi corazón?

Duke se volvió a Doc.

—Doc, usted me dijo que a medida que aprendiera a vivir según las leyes de los países, la serenidad sustituiría a la pesadumbre del corazón. Usted dijo que se haría más y más ligero hasta que, finalmente, me liberaría de él. Usted *lo prometió*.

El búho agitó un ala para hacer callar a Duke.

—No se preocupe —le tranquilizó—. La serenidad *ha* estado sustituyendo a la pesadumbre en su corazón. ¿Se acuerda de cuando se enfadaba tanto, que todo lo que hacía era ir de aquí para allá crujiéndose los nudillos? ¿Acuérdese de lo mucho que le costaba pensar bien? ¿Y se acuerda de cómo suspiraba desesperanzado, y de lo impotente que se sentía ante esa vida desquiciada? ¿Y qué hay de cuando se le revolvía el estómago y se le ponía un nudo en la garganta con tantos problemas como se le agolpaban, y se le caían las cosas y se olvidaba de dónde había puesto otras?

—Me acuerdo —respondió Duke, rememorando lo mal que había llegado a estar—. Y tenía que echarme para atrás cada vez que me ponía en pie o me sentaba, para no irme de bruces al suelo, y de lo mucho que me costaba subir unos cuantos escalones, como me ocurrió en la escuela hogar.

—A veces, los cambios tienen lugar poco a poco. Uno tiene que echar la vista atrás para ver cómo eran las cosas antes, con el fin de apreciar hasta dónde se ha llegado. Ha hecho usted un largo camino, Duke.

—Lo sé. Y sé que todavía me falta trabajar algo más. Es sólo que yo esperaba estar completamente en paz y sin pesadumbre de corazón antes de tener que enfrentarme con todos cuando vuelva a casa.

—La verdad es que no va a poder estar completamente en paz y sin pesadumbre de corazón *hasta* que no se enfrente con todos cuando vuelva a casa —le corrigió Doc—. Para vivir plenamente según las leyes de los países, va a necesitar ponerlas en práctica en su vida cotidiana. Eso significa volver a casa y utilizarlas para abordar los problemas que le trajeron al Sendero de la Serenidad.

»Véalo de esta manera. Usted ha estado utilizando las leyes para sanarse. La siguiente fase de su tratamiento es utilizarlas para sanar su vida. Todo lo que podía hacer aquí, lo ha hecho ya».

—¿Se refería a eso cuando me decía que todos mis problemas, por desconcertantes y molestos que fueran, se resolverían? ¿Que yo aprendería a resolverlos por mí mismo?

—Sí, aunque su problema más molesto, al cual aludí cuando nos conocimos, se ha resuelto ya en su mayor parte.

—¿De verdad? ¿Cuál era?

—Usted mismo. Usted era su mayor problema. Y lo mismo se puede decir de la inmensa mayoría de mis pacientes. Claro está que la mayoría de ellos no son conscientes de eso como usted lo es ahora. Empiezan creyendo que las cosas que les han pasado son las culpables de todas sus desdichas.

Duke sacudió la cabeza.

—Como aquella pobre gente de Villasombría. Algunos de ellos se daban cuenta y, aún así, no hacían nada por resolverlo.

—Así es —coincidió Maxine—. Te podrías haber quedado allí, tremendizando y terribilizando tu vida, pero no lo hiciste. Fuiste hasta donde sólo los más valientes se atreven a ir… de vuelta al Sendero de la Serenidad.

—¿Sabes lo que me sorprende? –dijo Duke en tono reflexivo–. No ha cambiado nada, pero todo ha cambiado. Todo lo que estaba mal en mi vida sigue estándolo, pero ahora lo siento todo de un modo… distinto.

Doc miró profundamente a Duke a los ojos.

—Lo siente de un modo distinto porque usted es distinto en muchos aspectos, y lo está viendo todo de una forma distinta.

—Sí. Ésa es *la* lección de tomar un punto de vista diferente de las cosas y de actuar en consecuencia. Cuando Willie me enseñó esto, no tenía ni idea de lo poderoso que sería.

Una mirada nostálgica cruzó los ojos de Duke.

—Sin embargo, hay una cosa que me gustaría que pudiera ser como solía ser. Me gustaría seguir siendo tan rápido como un rayo, tan poderoso como un tornado, y capaz de matar a mi presa con una simple estocada.

—Nunca se sabe lo que uno puede ser capaz de conseguir cuando se vive según las leyes de los países –dijo Doc.

Duke tomó una bocanada de aire.

—Así pues, conviene que lleve a casa mi yo más tranquilo, pacífico y sabio para poder encontrar una serenidad duradera y una verdadera ligereza de corazón –razonó, aceptando completamente la verdad de la situación.

—Sabia conclusión –coincidió Doc.

Éste se estiró y agitó sus alas dos veces.

—Ahora, vamos a celebrar sus grandes victorias. Se ha enfrentado y ha vencido al Dragón de los Pensamientos Retorcidos, y le ha puesto en fuga, tanto a él como al malestar de corazón Tipo II. Para eso, hace falta mucho coraje y destreza. Ha aprendido las leyes de los países, y está dominando el secreto de vivir según ellas. Lo más difícil ha quedado atrás.

»Mantenga la cabeza bien alta, Duke el Caballero. Puede sentirse orgulloso».

Capítulo Diecinueve

La Vuelta a Casa

Al darse cuenta de que se acercaba un ave familiar, Doc se puso a tocar un chachachá con el banjo. El ave planeó en su descenso y aterrizó junto a Duke.

—¡Sebastián! –gritó Duke con alegría–. *¡Hola! ¡Hola!* ¡Me has vuelto a encontrar!

Inspirado por el acompañamiento musical de Doc, Sebastián se entregó al baile más animado que hubiera hecho jamás. Duke lo habría disfrutado enormemente, si no hubiera sido por la aprensión que le producía leer el mensaje que la paloma había traído en esta ocasión.

Después de recibir los elogios de la audiencia por su actuación, Sebastián se quedó quieto mientras Duke tomaba las dos notas enrolladas que tenía alrededor de la pata.

—Espero que hayas traído mejores noticias en esta ocasión –dijo Duke–. Si no, me tendré que pensar dos veces lo de decirte *gracias.*

Duke hizo una pausa y, después, le dio una palmadita a la paloma en la cabeza.

—Sólo estaba bromeando.

Sebastián debió figurarse que alguien que podía hacer bromas en un momento como aquél merecía algo especial, de manera que hizo un bis antes de partir. Cuando despegó, Duke le dijo:

—*Gracias, mi amigo,* por la entrega y por el baile extra.

Duke miró a Doc y a Maxine buscando una pista de lo que le esperaba, pero ellos guardaron silencio. Duke se quedó mirando los mensajes, que seguían enrollados en su mano. Cerrando los ojos, respiró profundamente. Después, tomó la cantimplora de agua del Pozo Obueno y bebió un sorbo, sólo por si acaso. Nervioso, desenrolló la primera nota y la leyó en voz alta.

Del despacho de…
WILLIE BORGOÑA
PROFESOR EN GENERAL

Querido Duke:

Estoy encantado de saber que ha tallado sus pensamientos retorcidos y de que vuelve a casa para esculpir la nueva vida que desea. Siendo al fin capaz de actuar según esos nuevos y rectos pensamientos, su modo de pensar y de sentir serán muy diferentes.

Fue usted un alumno excelente. Si hay alguien que pueda utilizar el secreto de darle la vuelta a su vida, ése es usted. Ocurra lo que ocurra, todo le irá bien, siempre y cuando no le de a nada ni a nadie el poder de hacerle sentir desdichado.

Sólo insista en pensar en su pensamiento, por pequeñas que sean las cosas que sucedan. Recuerde, el punto de vista lo es todo, y usted –y su vida– será lo que usted se diga a sí mismo a lo largo del día, etodos los días.

Afectuosamente,
Willie

Duke estaba tan aliviado como encantado.

—Uno que viene y uno que se va —dijo.

Respiró profundamente otra vez y, dándose prisa, desenrolló la segunda nota.

TRIBUNAL SUPREMO
DE EL PAÍS DE LA SERENIDAD

Para: Duke el Caballero
De: El Honorable Merlín el Mago

Felicidades de todo corazón en estos momentos de celebración.

Mi regalo de despedida es un poquito de sabiduría que ha demostrado ser inapreciable para muchos viajeros como usted. Apréndase estas palabras y viva según ellas, del mismo modo que está viviendo según las leyes de los países, pues estas palabras son también parte importante de una serenidad duradera y de la ligereza del corazón:

Vive los días de uno en uno,
disfruta los instantes de uno en uno
y acepta las penurias como el sendero
que lleva hacia la paz.

Todo mi séquito de peludos amigos, incluido nuestro fornido alguacil, se unen conmigo en desearle lo mejor en su interminable lucha por la verdad, en su búsqueda de pruebas y en su camino de héroe.

Rebosante de felicidad, Duke mostró las notas en su mano.

—¡Qué gran despedida! –exclamó.

—Sí, y eso no es todo –dijo Maxine, intentando ocultar su emoción sin conseguirlo–. ¿Se lo podemos dar ya, Doc?

Duke abrió aún más los ojos.

—¿Darme qué?

—Esto –respondió Doc, sacando de su bolsa negra una brillante cajita dorada con un lazo plateado encima.

—¿Es para mí? –dijo Duke, tomando la caja.

—Es el regalo de despedida de Doc y mío –dijo Maxine–. Ábrelo, Duke. Estoy impaciente. ¡Te va a encantar!

Duke estaba nervioso como un niño. Levantó la tapa y vio sobre un algodón, un reluciente medallón con una larga cadena de oro. Sin poder pronunciar palabra, levantó con cuidado la cadena y acunó el medallón en la otra mano, examinó la inscripción y la leyó en voz alta:

Concédeme la
SERENIDAD
de aceptar lo que no puedo cambiar,
CORAJE
para cambiar lo que puedo cambiar, y
SABIDURÍA
para conocer la diferencia.

—¡Oh, habéis puesto mis pequeñas oraciones todas juntas en un gran oración! ¡Lo guardaré siempre como un tesoro! –dijo, incapaz de separar los ojos de la inscripción.

Maxine saltaba de alegría.

—¿No es fantástico? ¡Ahora, dale la vuelta! –dijo entre risas–. Me refiero al medallón, claro.

Sonriendo, Duke le dio la vuelta al medallón. Efectivamente, también estaba grabado. Leyó:

Vive los días de uno en uno,
disfruta los instantes de uno en uno
y acepta las penurias como el sendero
que lleva hacia la paz.

—¡Las palabras de la sabiduría de Merlín! ¿Cómo les podré agradecer esto?

Y, con voz sabia, Doc respondió:

—Su agradecimiento será el compromiso y el empeño que ponga en vivir según las leyes de los países y según las sabias palabras de la nota de Merlín, así como en utilizar la oración para pedir ayuda cuando la necesite.

Duke afirmó con la cabeza.

—Lo haré. Lo prometo.

Duke se colgó el medallón del cuello, que vino a caer sobre su corazón.

De repente, se levantaron unas pequeñas ráfagas de viento, que empujaron a Duke hacia delante.

—¡Eh! –dijo–. ¿Qué está pasando?

—Los vientos han decidido que es hora de partir –le explicó Maxine.

Ansioso como estaba Duke por volver a casa y enderezar su vida, se entristeció al pensar en que tenía que dejar a sus nuevos amigos.

—¿Existe alguna posibilidad de que Maxine cruce el puente conmigo, al menos en parte? –preguntó Duke.

—Maxine le ha llevado tan lejos como podía llevarle –dijo Doc–. El resto lo tiene que hacer usted.

—¿Y qué pasaría si tuviera más preguntas?

—Se lo dije –dijo Maxine emocionada–. Siempre podrás preguntarte a ti mismo qué diría Doc, o Willie, o Merlín, o yo.

Duke dejó la cartera a sus pies y se volvió a ella.

—¿Querrías posarte en mi hombro por última vez?

Y Maxine voló de inmediato hasta su hombro y apoyó la cabeza contra el cuello de Duke.

—Te voy a echar de menos –susurró ella, con la voz rota por la emoción.

Duke le dio unos golpecitos suaves, mientras una lágrima caía por su mejilla.

—En verdad que eres el Azulejo de la Felicidad, Maxine, y tu gran don es crear felicidad. Gracias por todo. Nunca te olvidaré.

Maxine pió y bajó de su hombro, aleteó al estilo de los colibríes y descendió graciosamente sobre el puente.

Duke se volvió a Doc.

—Siempre le estaré agradecido al universo por haberme mandado a alguien como usted, y a usted y a sus amigos por enseñarme a aligerar el corazón, oh Sabio, Henry Herbert Hoot, M. C. ¿Puedo estrecharle la mano… uh, el ala?

—Será un honor –dijo Doc, extendiendo el ala con aire distinguido–. Su vida comienza de nuevo hoy, Duke el Caballero.

—Hoy… y día a día, supongo –respondió Duke, estrechando el ala de Doc.

Luego, tomó de nuevo la cartera.

—Bueno, vamos allá. Ni la niebla, ni los vientos, ni el balanceo del puente me van a disuadir de completar mi misión.

Dio unos cuantos pasos, luego se detuvo un instante y se volvió para decir adiós con la mano. Y lo que vio le hizo echarse a reír. Maxine estaba dando vueltas y más vueltas, convertida en una imagen borrosa.

—¿Qué estás haciendo, Maxine? –gritó él.

La voz de Maxine llegaba a intervalos cortos.

—Estos viajes… suelen ser… algo estresantes… por no mencionar… las despedidas… Así es como… me relajo.

—Tú siempre tan llena de sorpresas.

—Sí… como el cambio y la vida… ¿No es… divertido?

—Espero que sí… con el tiempo –dijo Duke algo incómodo.

Volvía a casa de nuevo, sólo para ver la Niebla de la Incertidumbre cerrándose a su alrededor. En un resplandor de lucidez, pensó en sus pensamientos y lanzó la mano ante él.

—¡BASTA! –ordenó–. Mucha gente cruza este puente. ¡Puedo hacerlo!

Respiró profunda y pausadamente e, inmediatamente, le pareció que el palo del pensamiento recto, las gafas de la Nueva Visión, el agua del Pozo Obueno, la piedra, la cinta métrica, las manoplas y el libro de lecciones para el corazón marchaban en su cabeza y se desplegaban en abanico como soldaditos en misión de búsqueda y destrucción.

Poco después, la niebla comenzó a levantar y el corazón se le hizo aún más ligero.

—¡Uau! ¡Estas herramientas de héroe son realmente buenas! –comentó–. ¡Eh! ¡Mi cartera! ¿Dónde está?

Miró hacia abajo, por ver si había caído pero, para su sorpresa, se encontró de pie sobre un camino empedrado.

—¿Qué… qué está pasando aquí? –jadeó, mirando hacia atrás por ver si el puente seguía estando allí, tras él.

Pero también había desaparecido… así como el río, y el precipicio, y Doc, y Maxine.

—¿Qué está ocurriendo? –murmuró–. ¿Cómo puede haber desaparecido todo?

En su cabeza, pensó en mil posibilidades. Quizás esto o quizás aquello. Quizás Doc y Maxine se habían superado con sus poderes mágicos, o quizás nada de todo esto era real y su cabeza estaba más desquiciada que la vida que había dejado en el lejano pasado. Se quedó congelado, en el tiempo y en el espacio, sin saber qué pensar o qué hacer.

Poco a poco, se hizo consciente de una sensación de hormigueo, calido y confortante, que crecía en su pecho. Irradiaba arriba y abajo, hacia fuera y alrededor, hasta que todo su cuerpo se llenó con su presencia. Se miró el pecho y, allí, sobre su corazón, estaba el reluciente medallón de oro. Duke lo estrechó con la mano.

Los rayos del sol brillaron con fuerza a través de los dispersos bancos de niebla danzando sobre los adoquines del camino, que parecían llamarle a casa. *A casa*, pensó, *estoy volviendo a casa de verdad. A casa, para darle la vuelta a mi vida.*

Lleno de esperanza y determinación, Duke leyó una vez más la inscripción del precioso medallón, y repitió la oración que le llevaría durante el resto del viaje para darle una serenidad duradera y la ligereza del corazón.

Concédeme la
SERENIDAD
de aceptar lo que no puedo cambiar,
CORAJE
para cambiar lo que puedo cambiar, y
SABIDURÍA
para conocer la diferencia.

Cerró los ojos con fuerza y apretó el medallón contra su pecho.

—De acuerdo, Universo, yo haré mi parte. Y sé que tú harás la tuya.

Duke no podía recordar la última vez que había sentido su corazón tan ligero. Ciertamente, era feliz… aunque siguiera deseando, de verdad, DE VERDAD, que algunas cosas fueran de otra manera.

Con la rápida zancada de un hombre en misión, siguió, cantando:

—Concédeme la serenidad, el coraje y la sabiduría… la serenidad, el coraje y la sabiduría…

De repente, oyó el lejano ladrido de un perro y, a medida que se acercaba, se le fue haciendo más y más familiar. *¿Será él?*, se preguntó, mientras el corazón le latía con fuerza.

Poco después, lo supo.

—¡Prince! ¡Prince! –gritó echando a correr–. ¡Ya estoy aquí, chico! ¡A partir de ahora, todo va a ir muy bien!

»Vuelvo a casa».

El Principio

Índice

Agradecimientos 7
Dedicatoria 9

1. La Grave Situación del Caballero 11
2. Una Misión Inolvidable 27
3. Un Encuentro con el Sabio 35
4. Prescripción para un Corazón Pesaroso 45
5. El Sendero de la Serenidad 59
6. Lecciones para el Corazón 73
7. Una Nueva Clase de Valentía de Caballero 89
8. El País de la Serenidad 107
9. Un avance detenido 121
10. El Universo contra Duke el Caballero 129
11. La batalla del condado de la Aceptación 141
12. El misterio del Pozo Obueno 151
13. El enfrentamiento 157
14. El País del Coraje 169
15. Un héroe del montón 183
16. El Salto de la Fe 191
17. El momento de la rendición 209
18. El Puente del Cambio 221
19. La Vuelta a Casa 229